# La chaloupe vide

Catalogage avant publication de Bibliothèque et Archives nationales du Québec et Bibliothèque et Archives Canada

Ross, Marie-Paul, 1947-
    La chaloupe vide : rencontres inespérées du vécu humain
    ISBN 978-2-89436-706-3
    1. Actualisation de soi. 2. Détresse. 3. Vie - Philosophie. I. Titre.
BF637.S4R67 2015                         158.1                         C2015-941617-5

*Nous reconnaissons l'aide financière du gouvernement du Canada par l'entremise du Fonds du livre du Canada (FLC) pour nos activités d'édition.*

*Nous remercions la Société de développement des entreprises culturelles du Québec (SODEC) pour son appui à notre programme de publication.*

*Gouvernement du Québec – Programme de crédit d'impôt pour l'édition de livres – Gestion SODEC.*

Photo de l'auteure : Alexandre Deslauriers
Infographie de la couverture : Marjorie Patry
Mise en pages : Josée Larrivée
Révision linguistique : Amélie Lapierre
Correction d'épreuves : Michèle Blais

Éditeur :    Les Éditions Le Dauphin Blanc inc.
            Complexe Lebourgneuf, bureau 125
            825, boulevard Lebourgneuf
            Québec (Québec) G2J 0B9 CANADA
            Tél. : 418 845-4045  Téléc. : 418 845-1933
            Courriel : info@dauphinblanc.com
            Site Web : www.dauphinblanc.com

ISBN version papier : 978-2-89436-706-3
ISBN version numérique epdf : 978-2-89436-707-0
ISBN version numérique epub : 978-2-89436-708-7
ISBN version numérique mobi : 978-2-89436-709-4

Dépôt légal : 4e trimestre 2015
            Bibliothèque nationale du Québec
            Bibliothèque et Archives Canada
Données de catalogage disponibles auprès de Bibliothèque et Archives nationales du Québec.

Imprimé au Canada

**Limites de responsabilité**

L'auteure et la maison d'édition ne revendiquent ni ne garantissent l'exactitude, le caractère applicable et approprié ou l'exhaustivité du contenu de ce programme. Elles déclinent toute responsabilité, expresse ou implicite, quelle qu'elle soit.

Marie-Paul Ross

# *La chaloupe vide*

## *Rencontres inespérées du vécu humain*

Le Dauphin Blanc

## Titres de la même auteure

*Traverser l'épreuve : comment activer notre potentiel de vie*, Fides, 2010.

*J'aimerais vous parler d'amour... et de sexe*, Michel Lafon, 2011.

*Pour une sexualité épanouie : un modèle d'intervention globale en sexologie, le MIGS*, Fides, 2009-2011.

*La sexualité des jeunes : petit manuel pour les parents*, Fides, 2012.

*La vie est plus forte que la mort*, Michel Lafon, 2013.

# Table des matières

Remerciements .......................................................... 7

Introduction ........................................................... 9

Une mouche dans le dos ..................................... 13

Une promesse nouvelle....................................... 21

C'est quoi, l'amour ?........................................... 25

Un cœur se vide d'amour..................................... 29

Une saison prometteuse....................................... 33

À l'école de Lac-Mégantic ............................... 37

Génération nouvelle, nouveaux défis ............... 43

Une attente inespérée.......................................... 49

Rester debout malgré l'inévitable..................... 55

Le commerce du sexe ......................................... 59

Sexualité ............................................................. 65

L'enfer des vibrations amoureuses ..................... 69

L'amour mis à l'épreuve...................................... 75

UN ADIEU PROLONGÉ ............................................. 79

L'INCOMPRÉHENSION DU DÉSESPOIR ........................ 83

LA PERTE DE LA FEMME, LA FIN D'UN MONDE .......... 87

LE DIEU DES NON-CROYANTS ................................ 93

LA PORNO POUR TOUS ........................................ 101

UNE SEXOLOGUE EN DÉPRIME ............................... 105

L'INCONNU DE L'AUTRE ........................................119

L'AVENIR AVEC SON NOUVEL HORIZON ................... 123

AU-DELÀ DES MERS ............................................. 127

SOUHAIT À TITRE DE CONCLUSION .......................... 129

À PROPOS DE L'AUTEURE ..................................... 133

# Remerciements

Dans la vie, il y a des rencontres qui inspirent la fête et d'autres qui invitent à la compassion. Ces récits sont un partage qui vient du cœur de l'humain.

Je remercie les personnes qui ont bien voulu faire mémoire d'événements qui rappellent que le quotidien est tissé d'aventures inédites et marquantes.

C'est grâce à l'écoute de l'humain que ce manuscrit a pu voir le jour. Il est dédié à toutes les personnes qui traversent les épreuves de la vie en étant capables de les partager ainsi qu'à toutes celles qui choisissent de continuer d'avancer même dans les moments les plus sombres.

Un merci à Jean-Claude Marcoux et à Lise Ouellet pour leur collaboration littéraire. Ils ont su ajouter la couleur que je portais au profond de moi.

Toute ma gratitude à l'éditeur qui a accueilli le manuscrit et qui l'a publié dans des délais exceptionnels.

# Introduction

La chaloupe vide est un écrit qui porte la pensée, le vécu et la solitude de personnes qui n'osent généralement pas raconter ce qu'elles ont d'inscrit dans leur mémoire et leur cœur. Écrire les mots que ces semblables souhaitaient proclamer sans être blâmés fut pour moi une inspiration spontanée. Étant une fille du Bas-Saint-Laurent, région sœur de la Gaspésie, je me suis permis d'intercaler des récits de pêcheurs souvent oubliés, mais imprimés dans l'histoire d'un coin de pays où la mer est à l'honneur.

Chaque texte a un ou plusieurs visages. De nouvelles images viendront à l'esprit du lecteur qui pourra découvrir une ressemblance avec lui-même ou des gens de son entourage. Romancer ce que l'humain porte dans sa détresse, ses désirs et ses déceptions est l'occasion de communier avec le profond de la vie.

Des critiques jailliront peut-être afin de mieux cacher un vécu secret, nié ou même masqué. Le défi de publier des pensées secrètes de l'homme et de la femme est pour moi une mission. Tous ont le droit de dire ce qui les bouleverse et de partager avec leurs mots ce qu'ils portent en silence.

J'ai le privilège de rencontrer des personnes de tous les âges, conditions et croyances. Je leur dis : «Être mal, c'est normal quand quelque chose fait mal, mais rester mal, c'est clairement anormal.»

Il est rare que l'on puisse crier tout haut sa rage et sa détresse, mais se permettre de les «partager» en toute confiance est source de libération. Encore faut-il que le lecteur soit apte à accueillir les secrets les plus bouleversants.

Le ton de l'ouvrage est empreint de mélancolie et de tristesse, mais il est aussi une invitation à activer son potentiel de vie.

Au cours de mon existence, j'ai saisi ce que vivent affectivement les personnes qui côtoient la mer, son vent du nord, ses vagues et ses changements soudains. J'ai de plus reçu des confidences que les ornements et les cloisons cachent. La personne détient des secrets que seul l'inconscient peut révéler.

Combien de fois ai-je entendu les riverains exprimer leur impuissance quant à cette force qui, tout à la fois, invite à la contemplation et ravive des souvenirs tragiques. Le 29 mai 1914, l'Empress of Ireland a sombré dans les eaux glacées du Saint-Laurent au large de mon village, Sainte-Luce-sur-Mer. À peine un kilomètre sépare les lieux de cette tragédie, qui a fait 1 012 victimes, d'une plage qui encore aujourd'hui invite à la détente et à la joie de vivre.

À l'occasion, le lecteur est invité à découvrir des récits d'hommes de mer qui aiment leurs origines et luttent avec la force des eaux. Ces tragédies sont présentées à quelques reprises pour permettre de s'imprégner de l'état d'âme des personnes éprouvées qui ont su discerner toute la beauté de cette immensité, parfois si brutale, et se laisser bercer par ses mouvements qui inspirent à la fois la perte et l'abondance.

Bonne lecture aux personnes désireuses de s'ouvrir pour mieux pénétrer dans leur propre jardin intime ou même dans celui de la personne proche qu'elles croient reconnaître.

Une condition essentielle pour s'introduire dans ces univers est d'avoir un cœur ouvert à la variété et à l'humain qui, à sa façon, vit sa recherche d'amour et de plénitude.

Voici l'occasion de remplir sa chaloupe de rencontres inespérées.

# Une mouche
## dans le dos

Assise sur un banc au bord de la promenade, l'horizon m'entraîne vers l'infini ; le bruit des vagues m'apaise, l'air salin m'enivre. J'aime à croire que tout le monde qui visite ce lieu devient nécessairement heureux.

Une pointe de terre s'avance dans cette mer qui, le soir venu, danse avec la lune. Autant la mer s'approche parfois de façon excessive, autant elle s'éloigne, laissant à découvert un fond marin tapissé de roches, de coquillages, d'algues… tout ce qu'un cœur d'enfant aime découvrir.

Me retrouver dans mon village natal suscite en moi une joie que je ressens dans tout mon corps. Je suis comblée. Je ne veux plus m'éloigner de ce lieu béni, imprégné de tant de rêves et de souvenirs.

Le film de mon enfance se déroule sur un écran fictif et pourtant réel – terre fertile, lieu ouvrant à la profondeur.

La voix d'une fillette de neuf ou dix ans me ramène à la réalité.

«Maman, est-ce que j'ai une mouche dans le dos?»

Elle marche en avant de deux dames qui jasent de tout et de rien. La beauté des lieux et la question de l'enfant les laissent indifférentes. La couleur et l'allure d'un bikini acheté récemment prennent toute la place.

«Maman, est-ce que j'ai une mouche dans le dos?»

Penchée vers l'avant, la petite poursuit sa marche en fixant la terrasse endommagée par la grande marée de l'hiver alors qu'un vent de l'est, l'absence de glace, la pleine lune et la haute marée avaient troublé les riverains.

J'abandonne mon monde merveilleux pour écouter l'enfant qui ne cesse de dire : « Est-ce que j'ai une mouche dans le dos ? »

Comment ces deux femmes peuvent-elles poursuivre leur conversation sans percevoir l'inquiétude de l'enfant dont la voix change et se teinte d'anxiété ?

Pour moi, un tel état de malaise ne convient pas à ce milieu enchanteur. Mon ciel intérieur s'obscurcit, la mer devient en furie, je ne sens plus l'air salin, les vagues m'invitent à crier : « Mesdames, êtes-vous distraites au point de ne plus entendre le cri d'une enfant ? »

Ce n'est pas la place pour faire une attaque du genre. Il faut respecter les règles de civilité, se mêler de ses affaires. L'indifférence serait sans doute l'attitude idéale.

Tout près, l'église déclarée monument historique domine toujours cette pointe tapissée de croix. Le souvenir de tant de personnes qui n'ont peut-être pas su admirer ce coin du monde... Où sont-elles ? Que sont-elles devenues après leur dernier souffle ?

«Maman, est-ce que j'ai une mouche dans le dos?»

Quelle mouche?

Cette mouche dans le dos, réelle ou non, entretient chez la fillette un état de perturbation croissant.

Elle s'arrête de marcher. Il se produit une bousculade avec la petite qui a eu le réflexe de forcer les adultes à revenir à la réalité… comme pour dire «Je suis là.» Cet arrêt brusque entraîne une réaction. «Qu'est-ce que tu fais? On n'arrête pas comme ça!»

Elle reprend sa marche avec cette inquiétude toujours présente. Elle sautille, murmure des sons, le regard dirigé vers les blocs, parfois manquants, qui tapissaient la promenade. Sa voix criarde retentit à nouveau.

«Maman, est-ce que j'ai une mouche dans le dos?»

La conversation des dames n'a rien à voir avec la préoccupation de l'enfant. Un éclat de rire trahit qu'elles sont ailleurs.

À l'horizon, le calme de la mer, qui se prolonge dans un ciel teinté de bleu et de bandes blanches, inspire l'accueil, l'écoute, la considération du petit et du grand.

Je me lève pour marcher pieds nus sur le sable. Les coquillages et les petites roches me chatouillent les orteils. J'observe la scène qui se déroule devant moi. Je lève les yeux en essayant de comprendre ce qui se passe.

Dans mon intérieur, je me sens incommodée. Cet événement irritant me force à vivre en dehors de la réalité. Je perds l'occasion de profiter pleinement des lieux et d'un panorama qui ne reviendront jamais. La mer présente un mouvement et une couleur propres à chaque moment du jour, et c'est le mouvement du présent qui teinte chaque seconde.

Je m'efforce d'habiter ce lieu privilégié, mais l'événement qui se déroule devant moi me coupe toujours le souffle, limite mon horizon et m'empêche d'écouter le chant des mouettes et de goûter l'air salin.

Je sens dans mon corps un mouvement d'agressivité. Mes pas s'impriment de plus en plus profondément dans le sable, mon visage se crispe et mes bras deviennent tendus, prêts à réagir.

Je me sens irritée comme l'enfant inquiète d'avoir une mouche dans le dos. J'active mon pas pour sortir de ce monde d'insouciance et enfin reconquérir ce lieu béni qui a modelé mon enfance.

Je ne peux pas laisser cette fillette seule avec ces deux femmes centrées sur elles-mêmes.

Je reviens sur mes pas, toujours la même scène devant moi! Le trio marche maintenant sur la grève en ma direction. La formation demeure la même; les deux femmes en bikini, l'une en rouge et l'autre en jaune, marchent derrière l'enfant qui sautille de gauche à droite.

Deux mouettes, dans le ciel au-dessus de moi, m'offrent un spectacle unique. Leur harmonie et leurs cris mélodieux soulagent mon mal-être.

Je m'approche de la mer montante qui manifeste sa force de vie. À nouveau, j'entends la voix de l'enfant teintée de colère et appuyée par le bruit des vagues. «Est-ce que j'ai une mouche dans le dos?» s'écrit-elle à trois reprises, et ce, à un rythme effréné. «Ne dérange pas!» est la seule réponse reçue.

Il va de soi que la mouche dérange. Le malaise est bien réel. L'inquiétude d'avoir une mouche dans le dos traduit simplement le sentiment d'être en danger, d'être «pas correct», d'être habité par un malaise qui colle au corps.

Ces deux dames n'ont pas su écouter, accueillir ni traiter correctement l'expérience de la fillette, en conformité avec ses droits d'enfant.

La question « Est-ce que j'ai une mouche dans le dos ? » équivaut à dire simplement : « Est-ce que je suis aimable ? Est-ce que vous m'aimez ? Si oui, pouvez-vous enlever la mouche qui me gêne ? »

N'ayant pas de réponse à son interrogation, n'étant pas soulagée de son mal-être, la fillette, du nom de Lucie, commence à courir lentement et s'éloigne de ses « accompagnatrices ». Elle se laisse attirer par le mouvement des vagues qui ramènent cette immense étendue d'eau au rivage. Retrouvant son cœur d'enfant, elle oublie l'aveuglement de l'adulte qui a perdu sa capacité de s'émerveiller devant la nature qui offre une variété de paysages irrécupérables. Quelqu'un peut-il être proche d'un enfant, s'il n'est pas lui-même en contact avec son être ?

La fillette se retrouve seule, mais enfin entourée d'un monde vivant. Les coquillages et les petites roches, avec les gouttelettes d'eau et le soleil, l'invitent à demeurer dans la lumière. Prendre le temps de s'émouvoir devant le reflet du soleil sur ces petits objets suppose une simplicité d'enfant. Lucie saute de joie en cueillant les petites roches et les coquillages ; elle sourit. Des mouettes en vol au large attirent son regard et le dirigent vers l'horizon sans fin. Elle s'est dissociée de ses deux accompagnatrices qui avaient la mission de l'escorter dans sa promenade, de l'appuyer dans sa capacité naturelle de s'émerveiller et tellement plus. Elle découvre enfin qu'elle est capable d'aimer et de se sentir aimée par cette nature guérisseuse : la mer, l'horizon, le soleil, le ciel bleu, les mouettes, les petites pierres…

Les sautillements de cette fillette dans la mer redonnent à ce village ce dont il a le plus besoin : la gaieté d'un enfant. Quoi de plus merveilleux que le rire de cette petite qui oublie ses mouches pour vivre pendant un moment son choix et s'accomplir ?

Le droit d'être enfant vient de l'adulte au cœur d'enfant.

# Une promesse
# nouvelle

L'eau danse sur la vitre de la porte.

Un bruit sourd rappelle que le pêcheur a répondu à l'invitation de la mer.

Un son de flûte naît de la fenêtre du nord.

Le vent souffle mais c'est l'heure.

L'éveil du jour est promesse d'une vie nouvelle.

Le cadet saisit le dernier beigne dans le plat, la casquette enfoncée jusqu'aux yeux.

« Papa… papa… » résonne comme un écho.

Splash, splash… Il vient de sauter dans une mare d'eau,

Le bateau du pêcheur est son but ultime.

La mer et le brouillard ne font qu'un.

Vroum, vroum, vroum… Cela rappelle le départ à la recherche de la denrée la plus précieuse.

Ce jour comme un autre ne peut s'oublier,

Gravé dans un cœur blessé et inscrit dans une mémoire perturbée.

La nuit est longue et sans fin.

Ce jour a vu le rouleau à pâte dans son mouvement de va-et-vient.

Le crépitement du feu réchauffe le jour dans l'attente de la tarte au sucre.

La table tapissée de napperons fabriqués au métier à tisser rappelle le silence, l'amour, le don… qui enveloppent les murs de cette maison, ignorant la catastrophe qui frappe à la porte.

L'attente se fait longue, le soleil sort de l'ombrage, tout juste avant de disparaître au loin derrière la montagne.

Le bateau attendu n'arrive jamais seul… une petite chaloupe vide, se laissant bercer par la mer, révèle la puissance de l'eau et du vent.

Les mouchoirs imbibés de larmes, la lampe s'allume. Où sont le pêcheur et son fils ?

Comme la vie nous vole ce que l'on a de plus cher !

Malgré la table mise et la tarte chaude, ce soir n'aurait jamais dû exister.

La romance du soir d'été qui s'approche peu à peu fait place à la désolation la plus cruelle.

La mer t'inspire, te calme, te berce, s'élève au profond en toi. Mais ce soir, la chaloupe est vide et cette mer offrant l'abondance révèle son visage le plus meurtrier.

Pourtant, la vie offre des promesses que le destin ne peut altérer. Seule une force en soi attire l'abondance. Cette femme qui avait rêvé à la rencontre du soir croyait ne jamais retrouver la joie de vivre. Une lumière en elle lui a permis d'accueillir le lever du jour comme un nouveau mouvement. L'épreuve déroute, mais offre aussi l'occasion d'un nouveau départ.

# C'est quoi,
# l'amour?

Sébastien est de retour d'un long voyage. Son excitation est palpable : son regard, son souffle, ses gestes. « D'où viens-tu ? » lui demande Catherine tout en cherchant à comprendre cet homme qui se dit heureux d'avoir découvert un nouveau monde.

Formé dans l'art de l'accompagnement et de la guidance de l'humain, il a atteint une réputation de grand maître reconnu mondialement.

Par contre, il est devenu incapable de communiquer avec la femme qu'il aime ; il a perdu la capacité de la regarder, de lui parler d'amour et d'entretenir des relations intimes.

C'est incroyable comme il est facile de se perdre pour une personne dont le cheminement l'éloigne de ses compétences amoureuses. Se laisser emporter par le vent de l'interdit révèle vite une attirance qui va à l'encontre de soi et de l'aspiration humaine. L'intimidation, la domination, la possession en vue de la jouissance, tout cela va profondément à l'encontre des besoins de l'humain.

Comment Sébastien et tant d'autres peuvent-ils s'enliser dans des pratiques qui, même si elles semblent excitantes à première vue, étouffent véritablement le plaisir ?

La stimulation des sens par des jeux de maltraitance a attiré l'amoureux de Catherine. C'est comme un vent du nord qui refroidit le cœur, provoque des vagues qui détruisent l'harmonie et l'écoute intérieure. C'est la mort de la relation amoureuse ; le désir de grandir dans l'amour fait place à la chaloupe vide.

Dans un élan de colère, le cri envahit à nouveau la demeure. « D'où viens-tu ? J'ai perdu l'amour de ma vie.

Tes caresses n'ont plus de saveur, ton regard est fuyant, tu n'es plus là ! » L'amant s'est transformé en courant de tristesse. Les vibrations intérieures n'ont plus la couleur du plaisir. Un godemiché pourrait facilement le remplacer.

Au long des années, Sébastien et Catherine ne se retrouvent plus. Les voyages se poursuivent pour l'homme qui se croit important pour le monde. La femme, quant à elle, réalise sa mission de mère en se rendant au travail quotidiennement. Préposée auprès de personnes âgées, elle les aide à se lever, à marcher, à se nourrir et à se réaliser malgré les pertes physiques et mentales qui les accablent.

Ce vent du nord ne pouvait durer. Un ami a choisi de tenter de résoudre l'énigme, à la recherche d'un changement inespéré : « Je connais la mer, les ravages qu'elle peut faire, mais aussi son appel à l'amour, au plaisir qui nourrit les sens. »

Le silence était rompu. Les voyages du professionnel humanitaire avaient été contaminés par des activités dégradantes. L'attraction de la pornographie avait pris d'assaut le cœur de l'homme et il s'y était laissé prendre. Dans un tel cas, l'humain se transforme en produit de consommation où l'artifice conduit à l'euphorie. L'amour perd sa couleur et sa saveur. Le ciel est gris et le vent du nord produit des vagues qui font perdre la direction.

Faut-il que l'homme soit blessé pour en venir à changer sa nature propre ? Autant le « faux » peut inciter à des aventures qui transforment le cœur en chaloupe vide, autant l'ami peut orienter un retour à la maison.

S'il est vrai que des consommations sexuelles déshumanisantes tuent l'amour, il est toujours possible de rallumer la flamme qui pétille dans l'être de chaque personne.

Heureusement, le feu de ce foyer a pu se rallumer. Sébastien a su se guérir de ses errances et choisir le calme d'un amour offrant un plaisir qui provient de sentiments humains.

Seul l'homme qui vit une relation sexuelle avec amour peut goûter la profondeur de « faire l'amour ».

L'être humain peut toujours choisir de revenir à lui-même et, contre vents et marées, de guider sa barque en direction de l'amour.

# Un cœur se vide d'amour

Un dernier clou enfoncé, un coup de pinceau pour finir de peindre l'escalier. La maison toute neuve est prête à accueillir le nouveau couple. Le carillon de l'église indique l'arrivée de la future épouse. La fatigue des préparatifs pour ce grand jour est dissimulée par toute la splendeur qu'elle dégage. Son rêve d'enfant, de jeunesse et de femme se réalise.

Se marier, toute vêtue de blanc, dans une église décorée pour le grand événement, c'est euphorique. C'est un engagement pour la vie, un oui à un amour croissant que seule la mort peut interrompre. L'homme, tout fier de son engagement d'adulte, est honoré pour la construction de sa résidence. Ses enfants seront les plus beaux et les plus heureux.

L'arrivée d'un nouveau-né comble les parents de joie. Au fil du temps, le quotidien s'installe, l'habitude se crée. Il faut laisser les deux plus jeunes à la garderie et reconduire l'aîné à l'école. Les câlins, les repas, les activités, voilà ce qui alimente la vie de famille.

Déjà, le plus jeune a huit ans. Le café du matin a de moins en moins de saveur. L'habitude de vivre ensemble a remplacé le sourire, la passion, le détail qui reflète «qu'il est bon que tu sois là».

La fin du jour se pointe, le silence au retour du travail est lourd, le regard est évasif. Une trahison, un coup de foudre… que se passe-t-il? Le cœur de la mariée de douze ans passés bat pour un autre homme. Son patron lui accorde des avantages dans son emploi et lui prodigue des caresses qui donnent à son quotidien une saveur de jeune amoureuse.

Le mensonge et les rencontres clandestines se multiplient. Le mal-être s'est installé dans la maison, les enfants s'isolent et réclament de plus en plus la présence d'amis.

Le couple qui s'éteint se demande comment et quand l'un des deux pourra remplir la chaloupe vide.

Un jour, une amie s'approche de la femme et lui souffle à l'oreille : « Ne te laisse pas enjôler, tu es sa "numéro 10". » C'est l'effondrement. La peine si intense l'oblige à un arrêt de travail. Une peine d'amour envahit son corps et son âme. Tant de promesses, tant de chantage amoureux se transforment en une envie de mourir. L'amie est là et l'invite à construire à partir de rien. Il ne faut pas se fier aux apparences. Au fond de cette sensation de vide, de néant, il y a toujours ce potentiel de renaître à une plénitude de vie. La vérité libère et assure la croissance. Le cœur humain est constamment à la recherche de l'amour. Savoir distinguer l'illusion de l'authenticité rend l'humain compétent pour se mettre debout.

Une coupure d'amour passionnel éteint le feu et le naufrage envahit tout l'*être*. Faut-il que la personne prisonnière d'un aveuglement fou puisse voir et entendre ceux qui inspirent à regarder plus loin ? Le coup de foudre, cet « amourachement » passionnel empêche de regarder le large avec ses nuits sombres et ses levers du jour. L'*éveil à la réalité* permet d'avancer malgré la honte et la peur du rejet.

L'accueil de l'autre dans sa blessure permet de reconnaître que le pain quotidien n'a pas été assuré. Le couple a besoin d'un temps pour se regarder, se sourire, se chuchoter à l'oreille les mots qui font vibrer le cœur.

La maisonnée a repris vie, les enfants ont pu goûter à nouveau la saveur de la maison de leur enfance construite avec tant d'amour et de promesses.

La recherche de sens trouve réponse dans le jardin secret que toute personne porte. Il s'agit de cultiver sa réussite dans la reconnaissance de sa valeur propre.

# Une saison prometteuse

Enfin le printemps, les glaces fondent, la mer reprend son mouvement. Parfois, elle « berce » en douceur et, à d'autres moments, elle est en furie. La vie en abondance est profondément cachée. Quelques coquillages et carapaces de crabes rappellent la loi de la nature : les uns survivent aux dépens des autres. Les mouettes voraces prennent place sur le mât de la grande chaloupe du pêcheur. Les filets sont prêts et les outils de pêche complètent le décor.

L'homme au regard lointain contemple longuement la mer et espère le temps propice pour reprendre le large. Cette saison rappelle la force de vie. Peu à peu, les fleurs renaissent tout comme la verdure qui ne finit pas de surprendre. Morte en apparence, la nature reprend vie et se renouvelle.

Le moment venu pour la pêche réjouit l'homme au regard lointain et au cœur fier. Chaque fois que l'état des vagues et la température le permettent, la chaloupe pointe vers le large. Le retour est florissant, il n'en faut pas plus pour que le pétillement du poisson rôti dans la poêle se fasse entendre dans les maisons. Ce banquet quotidien rassemble la famille autour de la table. Le poêle à bois est fier d'accueillir la tarte au sucre, les "patates" au four, le poisson rôti et l'eau qui bout pour un bon thé. Tout a le goût de chez nous où il fait bon vivre.

Enfin ce bruit qui rappelle le premier départ du printemps. « Bonne saison ! » La vie renaît des glaces et le cœur de l'homme de la mer bat à nouveau au rythme des vagues. La fin de ce long hiver ranime l'espérance. L'air frais du matin et le soleil levant sont l'occasion de reconnaître la valeur de ces maisons de bois. Le village a été construit pour la pêche. Au cours des saisons où le soleil domine le froid, la joie y est à son comble.

Au large, le vent se lève. Malgré l'expérience vécue au gré des saisons, le drame n'avise pas. Sur la terre ferme, le vent souffle dans les arbres et un regard vers le ciel supplie la protection divine. Cette femme, conjointe et mère, craint le pire scénario. « Impossible... il connaît tout de la mer, ses forces et sa générosité. »

L'effroi glace le corps, le soleil perd sa luminosité, le doute se transforme en réalité.

Un navire signale la présence d'une chaloupe sans son maître. Fait insupportable que des familles affrontent en silence, laissant la peine s'enfoncer à tout jamais.

L'illusion de ne jamais plus goûter la vie avec ses couleurs et ses vibrations prend place. Ce ne sera plus jamais pareil. L'humain n'est pas fait pour la misère et encore moins pour la mort. La réalité existentielle paralyse le souffle de vie. L'apprivoiser se fait dans un quotidien chargé de désirs et de réalités.

La détresse gardée en dedans de soi n'arrive pas à se transformer en vie nouvelle. Une force en soi assure le mouvement qui nourrit les sens.

Cette famille privée du père devra chercher son horizon. Il lui faudra lever les yeux pour atteindre cette liberté qui viendra de la guérison de ses blessures. La mère forte et courageuse sait offrir à ses enfants le plus grand héritage d'un peuple qui grandit avec la mer : le courage de regarder au large où la mer rejoint l'horizon.

Peu à peu, les enfants ont écouté le son des vagues, marché pieds nus sur le sable fin, admiré les coquillages vidés de la vie qu'ils portaient. Un bateau au loin attira leur regard souriant qui laissait entrer l'air salin dans des poumons qui avaient perdu leur poussée de vie. L'art de transformer l'épreuve en dynamisme de croissance est un oui à la vie qui guérit et fait renaître.

# À l'école de
# Lac-Mégantic

Lieu de rêve où il fait bon admirer la nature, son lac, le charme de son centre-ville, ses habitants joviaux et sympathiques, ses terrasses, son café typique… Cette ville a permis à tant de personnes de profiter d'un bon repos, de jouir de rencontres amicales, d'écouter des artistes et de danser au son de leur musique.

En un instant, tout s'est transformé en un film d'horreur et un lieu de souffrances, de tensions et de fatigue intense. N'est-ce pas trop souvent la réalité d'histoires humaines? J'ai entendu des spécialistes se prononcer sur les conséquences d'un tel drame: «La guérison sera longue. Il faudra reconnaître la chronicité du traumatisme et des chocs post-traumatiques. Plusieurs seront marqués pour la vie.»

En m'appuyant sur mon expérience personnelle et professionnelle, je considère essentiel de rappeler des notions scientifiquement éprouvées: le cerveau change avec l'usage que l'on en fait; sa plasticité lui permet de se reconstruire après l'épreuve. L'humain qui réussit à survivre à des tragédies peut aussi en ressortir plus fort. Quelque chose de neuf peut naître d'une épreuve, si bouleversante soit-elle.

Au moment où est survenue la tragédie de Lac-Mégantic, je donnais une formation à des étudiants adultes en vue de développer leurs habiletés à assurer dans leur propre histoire le triomphe de la vie. Se débattre contre le malheur conduit au succès. Les uns, plus résilients que les autres, ont plus de facilité à se «récupérer», mais c'est néanmoins possible pour tous.

Un élan de solidarité, le dévouement incomparable pour minimiser les dégâts et identifier les corps retrouvés, les rencontres à l'église et dans des lieux stratégiques, une mairesse luttant corps et âme pour ses citoyens… Tant de gestes profondément humains pour inviter à se mettre debout et éviter que l'horreur contamine le chemin de vie des personnes en détresse.

L'après est d'autant plus exigeant. La solitude, le vide, le manque, l'effroi devant les causes de la tragédie, l'insouciance des autorités concernées… tant de facteurs qui contaminent la soif de vivre.

Même si seule la personne éprouvée peut reconnaître la profondeur de ce qu'elle vit, il est impossible de demeurer insensible à tant de souffrances, même à des kilomètres de distance. Notre premier élan de nous rendre sur place a été freiné par des dirigeants : « Il y avait trop d'offres d'aide et trop d'intervenants. » Aider la personne éprouvée permet de guérir ses plaies, mais demeurer dans l'attente, à distance, incite à l'émerveillement devant l'éveil d'une population portée par la générosité.

Le traumatisme traversé permet de pénétrer plus profondément en son parcours de vie. Il s'ensuit une plus grande connaissance de son potentiel, une prise de conscience que la vie passe mais que le souvenir demeure.

L'enfant, le jeune, la femme et l'homme de Lac-Mégantic sont devant le défi de construire l'«inconstruisable», de dépasser l'«infranchissable», d'avancer dans l'«inaccessible». Ils auront l'occasion d'activer un potentiel de vie insoupçonné.

L'humain ne peut demeurer effondré, désespéré comme une chaloupe vide. Il doit se mettre debout pour créer une vie nouvelle, reconstruire une ville à la couleur de sa force de vie. Cette école de vie invite à être présent, à être à l'écoute de ses aspirations et à participer à la renaissance.

Autant une catastrophe peut détruire un peuple, autant elle peut l'inviter à créer l'art de renaître de ses cendres. Cet incendie, causé par un train fou laissé à lui-même en pleine nuit d'été, chargé de combustible hautement inflammable, a détruit la fête. À la vitesse de l'éclair, les chants, les rires et les danses se sont transformés en amas de poussière. Ce pire des cauchemars a perturbé le sommeil pacifique des citoyens. Ce fut la mort instantanée de 47 personnes de tous âges. Impossible de comprendre l'«inacceptable». La réalité nous place devant des faits inimaginables. Quoi dire? Quoi penser? Quoi faire devant ce qui est pire que la mort? C'est l'enfer qui brûle une nuit d'été prometteuse de joie de vivre pendant que les enfants dorment paisiblement.

Chaque époque a ses guerres et sa croissance. Le présent invite à puiser en soi une force que ni la mort, ni le feu, ni la violence ne peuvent détruire. C'est le temps d'offrir à l'humain l'eau qui assouvit sa soif de vie et d'amour éternel.

# Génération nouvelle, nouveaux défis

Avant 1960, il y a à peine un demi-siècle, on parlait du respect de la vie, une valeur indiscutable. Il fallait préserver son corps du début jusqu'à la fin et le respecter. L'argent devait être placé et bien utilisé pour satisfaire les besoins de base.

Aujourd'hui, il faut travailler pour assurer son divertissement. David et Caroline se sont enfin trouvé un emploi pour amasser de l'argent qui servira aux voyage, tatouage, piercing, teinture de cheveux, alcool, drogue, vêtement *in* (jeans déchiré, taché et délavé, style *sexy*), maquillage et peut-être augmentation mammaire.

Certains diront: «Il faut que jeunesse se passe...» Mais que faire quand cette jeunesse commence à douze ans et qu'elle se prolonge, dans certains cas, au-delà de quarante ans? La mentalité du divertissement fait partie de la philosophie de vie d'une nouvelle génération: faire beaucoup d'argent en peu de temps, souhaiter un héritage au plus vite pour enfin se payer tout ce que l'on veut, changer ses appareils électroniques (utiles ou non), et ce, chaque année, car il faut la dernière version et la plus haute vitesse. Arrêter de travailler plus tôt, car le boulot brime sa «liberté» quotidienne. Se *booster* avec des produits stimulants et des activités à sensations fortes. Pratiquer le jetable même dans ses relations amoureuses, la pratique du *full* sexe permettant la réalisation de ses fantasmes, sans aucune réserve. «La vie terrestre a du sens si j'ai du plaisir (*full fun*), sinon, à quoi bon continuer?»

Même la communication est mécanisée, dépersonnalisée. On n'a qu'à observer les jeunes autour d'une table dans les restaurants, à bord des autobus ou dans la rue prendre leurs messages et texter sans porter attention à leurs compagnons, à leurs compagnes ou à toute autre personne les entourant. L'accueil d'un enfant devient le résultat d'une planification selon ses projets, ses besoins, ses ambitions et cela dépend du *timing*. En même temps, dès le tout jeune âge, les enfants sont inondés de cadeaux, de jouets. Ils passent de l'un à l'autre sans jamais s'y attacher, comme dans un éternel recommencement, et ce, sans jamais les avoir vraiment désirés.

Peu importe les conséquences des activités divertissantes, l'État est là pour réparer, soigner, supporter et même nourrir. Pourquoi se préoccuper de travailler et d'épargner de l'argent pour payer ses études ? Les parents doivent participer – certains jeunes sont prêts à les y contraindre légalement – et l'État doit assurer la gratuité scolaire. Pourquoi se priver d'un plaisir sexuel immédiat ? L'État est là pour traiter ce qui s'ensuit.

Prévenir les répercussions néfastes et remettre à plus tard brime la personne dans son plaisir immédiat. Il est révolu le temps où le travail était une fierté et contribuait à la valorisation personnelle. La vie de couple se construisait petit à petit en essayant de surmonter les épreuves et les difficultés. Les renoncements étaient nécessaires et la planification financière était fondamentale pour en arriver à payer ses études, à bâtir sa maison, à élever sa famille et même à aider les œuvres de charité. On travaillait toute sa vie en souhaitant que la santé tienne bon. Aujourd'hui, on est libre de mettre fin à cette vie. Pourquoi souffrir les pertes d'autonomie?

La personne humaine aspire à un monde où se vivent l'amour authentique et le respect de la vie. Les enfants rêvent d'une famille unie pour trouver la sécurité ainsi que des établissements d'enseignement à fréquenter sans être médicamentés pour répondre à un profil d'élève modèle.

Heureusement, il y a cet enfant, ce jeune, cet homme et cette femme qui ne se reconnaissent pas dans cette façon de vivre, cette mode déshumanisante. Autrefois, les mêmes folies existaient, mais ce n'était pas «politiquement correct». Aujourd'hui, c'est le bon sens humain, la vie simple au naturel et la sexualité saine et adaptée à son âge qui sont mis sur la sellette. S'habituer aux agissements dysfonctionnels inquiète les promoteurs d'une société saine et sensible aux valeurs humaines. Le jeune qui dénonce la violence devient facilement la cible de railleries. Celui qui vit une sexualité saine et une abstinence adaptée à son âge est dénigré tout comme l'adulte qui adopte une vie sexuelle responsable en fidélité à son engagement.

Un nouveau monde frappe à notre porte. Qui veut collaborer à ce nouveau défi pour un monde nouveau dans lequel l'humain – encore humain – renonce à la chaloupe vide ?

Retrouver ses compétences humaines, les activer et les nourrir, c'est ce qui mènera à la réussite d'une société nouvelle qui commence à poindre dans le cœur des petits et des sages.

Reconnaître le potentiel de créativité des jeunes est essentiel à l'évolution d'une société. Faut-il y croire et donner à ce nouveau monde une place à la hauteur de leur sensibilité ?

# Une attente
# inespérée

Quel bonheur le soir où je t'ai rencontré.

Tes yeux ont éveillé chez moi le sourire caché depuis la perte de mon seul enfant. Je n'ai jamais revu son père.

Si tu savais les frissons dans mon cœur quand tu proclames mon nom.

Ta voix douce, unique dans ses sentiments et sa couleur, pénètre tout mon corps.

Ta présence ouvre mon regard sur un horizon infini tout comme cette mer à perte de vue que tu connais, que tu aimes.

Combien de matins, au lever du jour, j'ai savouré ces moments : « Bonne pêche », la larme à l'œil. « Respecte la mer comme elle te caresse. »

Le chant des mouettes et des fous de Bassan réduisaient mes craintes de perdre l'amour de ma vie.

Je contemplais la chaloupe qui se transformait en petit jouet orienté vers le large.

L'infini de la mer me rappelait que l'amour n'a pas d'espace ni de temps.

Ces eaux calmes se transforment rapidement en vagues les plus déconcertantes.

Je rêve que le vent de l'amour soit comme l'abeille qui ne cesse de butiner sans se lasser.

L'amour peut ne jamais avoir de fin; quelle joie de contempler cet océan berçant l'homme qui fait danser mon cœur.

Le langage amoureux est unique, il ne peut être imité. C'est comme le mouvement des flots qui est imprévisible et toujours nouveau.

Ce moment de contemplation se transforme en un quotidien comme un autre mais nouveau chaque jour.

Je rêve à ce moment où le jouet éloigné prendra la forme d'une chaloupe porteuse d'un être unique qui fait chanter mon cœur.

Le soleil transforme les coquillages en bassins de lumière.

Je goûte mes pas sur le sable baigné de soleil. À chaque vol d'oiseau, je regarde le large à la recherche du moindre signe d'un point noir indiquant le retour.

Le soleil couchant me fait tourner la tête. La mer a-t-elle englouti mon amour? C'est impossible, ses caresses sont éternelles et son sifflement enchanteur envahit mon horizon.

C'est la nuit, l'alarme est sonnée, tous les pêcheurs doivent être de retour. Mais il faudra attendre. C'est seulement le lever du jour qui invite les bateaux à la recherche de l'«introuvable».

Ses dernières caresses demeurent gravées sur mon corps et m'invitent à faire les cent pas dans le sable qui porte l'empreinte de ses derniers pas.

Je suis là comme un oiseau blessé avec le vent du large, la mélodie des vagues, la lumière cristalline sur l'eau, le sable fin, les coquillages, les souvenirs d'une vie passée et les roches silencieuses imprégnées de confidences depuis des siècles. Où est l'amour qui a éveillé mes sens et permis à mes oreilles de goûter une nouvelle harmonie? Une semaine d'attente, c'est la négation de la réalité. Le temps passe. Il y a des moments qui ne devraient jamais exister.

Un bruit sourd dans la porte que je n'aurais jamais voulu entendre. Il est midi trente, je viens tout juste de goûter un petit repas fait de homard et de pommes de terre au four; ça goûtait la mer qui, sans doute, avait volé celui que j'appelle l'«amoureux de ma vie», le seul et unique à avoir fait danser mon cœur. J'ouvre la porte, mon corps tremble comme une feuille au vent. D'une voix grave, le garde-pêche m'annonce : « Nous avons trouvé la chaloupe vide. »

Incapable de pleurer, je fige, le souffle bloqué par l'émotion. Je réponds machinalement « merci ». La porte se ferme et je goûte la solitude qui seule peut ouvrir une fenêtre vers la mer qui invite à goûter la vie, ce don accessible au quotidien.

Combien de levers et de couchers de soleil avant de pouvoir accueillir la réalité inacceptable ? Seul le moment présent permet de goûter la vie qui coule comme l'eau d'une rivière. Chaque souffle invite à tisser le demain qui naît de l'*épreuve*. Expirer la phrase « Nous avons trouvé la chaloupe vide » pour ensuite inspirer « La vie continue, fais ta route ». Il importe d'activer le profond en soi quand les étoiles scintillent ou quand l'orage rafle tout.

# Rester debout
## malgré l'inévitable

Je n'en peux plus. Où s'en va le Québec ? Où s'en va le monde ? Un jour, un notable de la place est accusé de fraude. À un autre moment, la « parole de Dieu » proclamée par un dirigeant d'église sonne faux quand ce dernier, menottes aux mains, est reconnu coupable de perversion. Durant des années, il a utilisé son arme de séduction auprès d'enfants et d'adultes.

Que de personnes utilisent leur pouvoir pour se gaver aux dépens d'un peuple en marche qui gagne son pain quotidien avec courage et dévouement.

Si la justice n'est pas de ce monde, l'humain aspire néanmoins à une existence où il peut se réaliser et combler sa soif d'amour et de vie.

Servir ne doit jamais être l'occasion de vider la chaloupe du «monde populaire» au profit de la sienne, qui est déjà bien remplie. Ce superflu se trouve alors arraché à Claude, Maxime, Jenny... qui, chaque matin, se rendent au travail implorant le pouvoir divin d'assurer leur vie et celle des leurs.

Existe-t-il un gouvernement capable de se tenir debout et d'offrir à son peuple un nouvel horizon, de nouvelles perspectives assurant à chacun ce à quoi il a droit? Le temps passe... Du lever au coucher du soleil, rien ne semble changer. Puis survient l'appel de faire son devoir de citoyen. Ne serait-il pas intéressant et vivifiant de pouvoir exercer un vote à caractère positif (voter «pour») au lieu de faire, comme c'est souvent le cas, un choix pour le moins pire, voire le moins dangereux. Somme toute, l'électeur n'éprouve-t-il pas toujours le sentiment de s'être trompé? Le non-accomplissement des promesses est bien observable peu de temps après la réjouissance des élus.

Vivre constamment une pièce de théâtre et observer le laisser-aller de nos divers gardiens de l'ordre est déroutant. La vérité, la fidélité à la vie qui nous invite à une création nouvelle est une promesse de croissance à laquelle tout le monde aspire.

Le mensonge, la tricherie, la corruption détruisent l'humanité dans son essence. Un appel est lancé : si la personne était fidèle à son souffle de vie, chaque chaloupe voguerait vers un destin prometteur.

Se sentir impuissant devant l'injustice « éloigne » de sa vérité profonde. Il est essentiel de ne pas laisser les puissants de ce monde dominer et restreindre notre liberté intérieure et notre joie de vivre.

La dénonciation des tricheries et des abus est l'entrebâillement d'une porte dans l'attente du rayon qui illuminera ceux qui ont la mission de servir le peuple.

L'humanité doit-elle atteindre les bas-fonds pour pouvoir se remettre sur pied ?

# Le commerce
# du sexe

La nouvelle mode du sexe : un commerce très lucratif et désastreux pour l'humain. Tout est à vendre, le corps, les organes, le sperme. Même l'enfant est utilisé pour le commerce sexuel.

La personne est facilement considérée comme une marchandise, un produit qui sert à faire de l'argent. La société « tolère » et « banalise ». Le phénomène de déshumanisation de la sexualité a entraîné un courant de décorporalisation, de dépersonnalisation et de désensibilisation.

Il y a de quoi regarder l'océan à perte de vue et se demander où en est rendu l'humain et de quelle couleur est son horizon.

Travailleuse du sexe, Jacinthe se présente à moi, le corps blessé. Son être est dépouillé de sa beauté. Elle est le reflet d'une société perverse, vidée de son aspiration. « Tu n'es pas ce que tu dis être, une travailleuse du sexe. »

En regard d'une humanité responsable à laquelle on aspire, la prostitution est, il faut bien le dire, désuète. La nommer « le plus vieux métier du monde », c'est aberrant, c'est davantage la plus vieille absurdité du monde. Il faut sortir du temps des cavernes pour naître dans ce nouveau monde en progrès sur le plan humanitaire.

Jacinthe avoue sentir un vide inexplicable : « Ma vulve est en feu, mon vagin saigne et mon cœur est meurtri. »

Les cheveux délavés, les lèvres d'un rouge dénaturé, elle murmure en tremblant : « Le premier gars qui m'a défoncée, c'est mon géniteur. Je fêtais mes douze ans. Je ne peux l'appeler mon "père", car c'est un monstre, un animal, un porc, je ne sais quoi… Je me sentais vidée de moi-même, *moé* vide. »

Avant ses treize ans, elle avait rencontré un gars gentil, propre, blond. Il avait les yeux bleus. « Il m'avait dit qu'il m'aimait. Son air angélique m'a attirée. Perdue dans ma détresse, j'ai ouvert grande la porte à cette douceur divine qui s'offrait à moi comme un sauveur et qui était prometteuse d'une vie de princesse. »

Elle décrit sa première rencontre intime comme étant le pire crime. Conduite dans une maison où vivaient plusieurs hommes, elle se souvient d'avoir avalé un genre de chocolat chaud et de s'être réveillée, des heures plus tard, enveloppée dans une couverture de laine grise à l'entrée d'une église.

« Les cloches matinales m'ont réveillée, une personne m'a tassée pour laisser entrer les gens dans l'église. Je ne sentais plus mon corps. J'ai quand même réussi à me rendre à l'école. Je voyais l'enseignante comme si j'étais dans un film d'horreur. »

L'école qu'elle fréquentait était privée ; elle venait d'une famille aisée. La directrice l'a fait venir à son bureau pour l'informer que sa mère la cherchait, ne sachant plus si elle avait couché chez une amie. Le mensonge jaillit rapidement et la mère fut informée que sa fille avait couché chez Fanny et qu'elle lui avait laissé un message qu'elle n'avait pas reçu. La mère s'excusa pour le dérangement.

Le silence de la jeune fille utilisée comme une marchandise par de « saints hommes » a envahi son école, sa résidence, son milieu social et le monde.

Faire souffrir dans la solitude et en silence est en quelque sorte l'arme privilégiée du crime sexuel. Que de femmes désireuses d'avancer en eaux profondes demeurent victimes, vidées de leur dignité comme une chaloupe vide.

Donner à la sexualité son naturel, son droit de se manifester sainement est le nouveau jour auquel grands et petits aspirent. François, qui a treize ans, réclame la loyauté : « Pourquoi on ne nous montre pas la beauté de la sexualité ? » Il venait d'apprendre que la pulsion sexuelle est un souffle de vie et d'amour qui invite à créer, à aimer et à être en relation avec la nature et les autres. Un enfant de huit ans contemplait une sculpture érotique, son regard était ébloui par la femme et l'homme nus qui se regardaient en se tenant par la main. Le visage crispé par une interrogation qui vient du cœur, l'enfant dit : « Pourquoi on ne nous montre pas cela ? C'est beau ! Ce que l'on voit, ce n'est pas beau. » Il faisait référence aux scènes *full* sexe dans un cadre de consommation que tout enfant peut voir.

Dès son jeune âge, la personne découvre la force de la pulsion de vie. Les parties intimes de son corps sont identifiées par leur sensibilité; des zones personnelles qui réclament naturellement respect, discrétion et amour. L'enfant a pourtant le droit d'être guidé en fidélité à sa nature. Il faut écouter le cri du cœur de toute personne pour dire non au commerce qui tue l'être.

# *Sexualité*

Un bon matin, je reçus d'un gars, peiné d'avoir
sombré dans ce qui brise l'humain, un poème
intitulé «Sexualité». Par son art, il exprime sa fierté
d'avoir réussi à récupérer le plus précieux en lui. Il se
dit honoré d'être enfin ce qu'il est : un homme debout,
capable d'aimer.

Le partage est comme une semence mise en terre
qui produit en offrant à la personne l'occasion de s'ali-
menter du don de l'autre.

C'est une invitation à partager nos richesses et nos aspirations pour naviguer en nous assurant que nos chaloupes sont remplies.

Je choisis de partager avec vous ce qui naît du mouvement de vie de Paul.

Le soupir de ton corps
Me parle doucement
Dans la lumière bleue
Tes effluves de beauté
Me parcourent jusqu'à l'âme
Et me parlent d'oxygène
Tout est calme dans le fleuve
Les eaux ne sont pas troubles
Je crois que c'est l'amour
Qui remplace le rien.

Ce rien qui nous crie
Qu'il est rempli de vide
Tel un sens disparu
Dans un temps qui n'est plus
Sans amour ni visage
Par milliards les images
Qui nous clouent à l'écran
De la désespérance.

Sexualité sensible et voulue
Dans le partage de deux entités
Qui se voient et se sentent
Les deux pieds dans la vie
Débarrassé du faux
On se touche le soi.


Sexualité vécue comme un repas
Comme une marche ou une course
Comme une peine
Comme une joie
Dans un plateau sans apparat.


Quand je parle de foi
Je ne parle pas des églises
Des croyances et des mythes
Mais plutôt d'un état
Je ne désire suivre rien
Dans l'amour je veux être
Le reste ne compte pas
C'est du *bluff*, ça passera.

Sexualité dans toute son envergure
Sans modèle sans armure
Découverte à mesure
Pas de plan ni de chemin
Pas de temps ni de fin
Sexualité délivrée de culture
Rescapée des ordures
On se caresse enfin
Le cœur et l'esprit
Le corps et la vie.


Paul – 15 août 2014

# L'enfer des vibrations amoureuses

Faut-il vivre une vie entière avec un cœur qui vibre, un corps qui frissonne d'excitation à la moindre pensée, scène amoureuse ou rencontre d'une personne qui nous éblouit?

La colère et l'amour sont des états émotionnels à la fois puissants et affligeants, des vibrations émotionnelles vigoureuses qui entravent la liberté. Ce sont des états particulièrement présents à l'enfance et à l'adolescence. L'état adulte doit permettre une stabilité émotionnelle qui gratifie l'humain de paix profonde et de liberté. La personne ayant atteint trente ans et qui a eu la chance de vivre son processus de maturation affective peut sentir en elle des attirances ou des malaises sans être dominée par ces sensations intenses. Malheureusement, l'apprentissage à libérer ces états redoutables ne fait habituellement pas partie de l'éducation de base. Il est rare qu'on nous apprenne à traiter ces émotions explosives et à retrouver notre calme intérieur. Pourtant, l'humain a soif de cet apprentissage qui permet de jouir de son âge et mieux vivre son état adulte.

Les attachements émotionnels rendent souvent malheureux, comme si le cœur devenait captif. Une fausse croyance dominée par l'émotion s'établit. Telle personne peu connue devient vite détentrice du pouvoir de nous rendre heureux. Quel emprisonnement!

Toutes les raisons sont valables pour s'adonner à une liaison impliquant son corps et ses émotions. L'explosion émotionnelle emporte le monde. Cela crée dans le cerveau un court-circuit qui prive la personne de sa liberté et de sa capacité de choisir.

De telles vibrations trouvent souvent racine dans une enfance blessée, privée d'amour comme une chaloupe vide. À cet égard, l'enfant et l'adolescent ont grandement besoin d'être gratifiés affectivement et sensoriellement par un père et une mère dans un cadre de vie à la fois respectueux et nourrissant.

À travers les invitations imprévues et spontanées, il est souhaitable d'apprendre ce que toute personne doit savoir pour vivre heureuse et libre. Une soif d'amour non comblée dans l'enfance, un traumatisme non résolu, un échec non surmonté, un deuil non traversé, un érotisme réprimé, une faible estime de soi non traitée, l'insécurité et la dépendance affective sont des composantes émotionnelles puissantes qui donnent du pouvoir aux enjôleurs «professionnels».

Naturellement, toute personne est animée d'une pulsion érotique qui entraîne la recherche du plaisir. L'expérimentation du plaisir est vitale; elle provoque la détente et un équilibre entre la tension et la relaxation. Les fibres sensitives peuvent être activées facilement. Il s'ensuit une série de réactions favorables ou non au bien-être global de la personne. Le plaisir ressenti n'assure pas l'amour, mais l'amour doit permettre de mener à un choix d'activités agréables.

L'expérience sensuelle, si enivrante soit-elle, n'est pas garante d'un amour authentique. Je crois que le secret pour réussir dans la vie est l'écoute intérieure. Fondamentalement créée pour être libre, la personne doit être capable de faire des choix éclairés. Voilà sa mission. Je sympathise avec celui et celle qui n'ont pas trouvé la porte de sortie de cet emprisonnement émotionnel et sensuel. Il est inacceptable que la sexualité, pourtant constituée d'un souffle de vie et d'amour, puisse si facilement se transformer en affolement irréfléchi. Je rencontre des hommes et des femmes de tous âges, captifs de chantage amoureux et d'intimité étouffante. Ils en sont arrivés à croire que c'est la façon de vivre la sexualité. C'est douloureux de constater la difficulté à se libérer de cet asservissement. Ils se sentent pris dans un cul-de-sac, les nouvelles avenues leur semblent impossibles. Plus la consommation se prolonge dans le temps et en intensité, plus la personne dominante prend du pouvoir, et trop souvent les deux personnes concernées se maintiennent sous une emprise mutuelle où il y a un dominé et un dominant.

Se fixer des objectifs clairs et précis en exploitant son potentiel conduit à la compétence. Seule la personne libre y accède. Tous sont appelés, mais, faute de guides, peu y parviennent.

Le rêve et le désir ne se réalisent pas uniquement par le contact des corps. L'apprentissage à orienter ses rêves et ses vibrations dans le plaisir du calme érotique est aussi salutaire à un épanouissement sexuel, et ce, pour tous. Se sentir libre de réclamations et de sensations intenses ouvre la porte à une plus grande capacité d'entrer en relation avec l'autre et de vivre l'intimité, c'est-à-dire la rencontre profonde de l'autre.

Je reçois suffisamment de confidences pour savoir que «faire l'amour» n'assure pas en soi une sexualité épanouie. Tout dépend de la capacité d'entrer en relation et de développer l'art de la relation amoureuse. L'amour ne peut se vivre que lorsque le cœur est libéré d'attaches qui enchaînent. C'est en laissant l'humain en contact avec sa nature profonde qu'il saura vivre sa sexualité avec amour et gratification. C'est l'invitation à construire un monde nouveau à la hauteur de la soif de l'humain.

# L'amour mis
# à l'épreuve

Ma Catherine ne me parle plus. Elle, pourtant un moulin à paroles, s'est transformée en une poupée silencieuse. Depuis quelque temps, elle se maquille, s'habille *sexy*, regarde en l'air…

Ce n'est plus ma princesse. Quel changement en si peu de temps ! À quinze ans à peine, elle a quasi l'air d'une fille de rue. Elle me demande souvent d'aller chez des amies pour étudier et se plaint constamment des exigences scolaires. Je la laisse partir, parfois chez Julie, Caroline ou Kate.

Je me calme en me disant qu'elle « change d'âge » et que c'est temporaire. Comme disent les psys, « elle forge son identité ».

Son père, l'homme de ma vie, voyage à travers le monde. Cette fois, il ne revient pas avant un mois. Heureusement, les communications téléphoniques sont fréquentes. Je me sens moins seule. Pas question de l'ennuyer, je l'assure que sa princesse va très bien.

C'est dimanche, je suis seule et me prépare pour une randonnée à vélo. Je dois rejoindre une amie sur la piste. Ça me fera du bien, car je trouve difficile d'amener mon enfant à passer à l'âge adulte.

Au moment où je prends mon casque de vélo, Kate m'appelle pour me dire qu'elle tente de joindre Catherine au cellulaire. Elle me lance : « Je veux aller magasiner avec elle, dort-elle encore ? »

Que se passe-t-il ? Et moi qui croyais que ma fille avait dormi chez Kate et qu'elles avaient planifié une journée de *shopping*.

J'entends un fort sifflement dans mes oreilles, j'en ai le souffle coupé. Je m'assois et j'entends : « Madame, madame, êtes-vous toujours là ? »

Je suis là, mais je ne veux surtout pas entendre ce que Kate a à dire. Où est mon enfant? Ses mensonges, ses cachotteries, ses fuites me bouleversent.

En alerte, je me rends dans sa chambre à la recherche d'indices susceptibles de m'aider à la retrouver. Je découvre un numéro étrange sous son oreiller. Le téléphone public du coin peut m'être utile. La voix de l'homme qui répond me coupe les jambes. J'ose malgré tout lui demander de parler à ma fille. « Catherine, je t'attends à la maison, où es-tu? Je peux aller te chercher! » Après un silence, je l'entends pleurnicher. Sa voix étouffée transperce mon cœur de mère : « Ne te préoccupe pas, je vais m'y rendre ce soir. » La communication est coupée.

Ma fille est trop jeune pour faire un choix éclairé. L'influence sociale peut conduire certains jeunes à la dérive. Comment sauver son enfant de ces vagues qui présentent les jeunes filles comme des objets de séduction, des produits de consommation?

Je m'affole et sonne l'alarme à l'ordre public. Je veux récupérer ma fille. Le cœur de son père ne pourrait pas survivre à ce cauchemar. Je supplie le ciel de me libérer de ce drame. Les heures sont interminables. Pas de réponse, aucune indication possible. Les neuf coups de l'horloge sonnent et j'entends le bruit de la porte. C'est ma fille. «D'où viens-tu?» La question qu'il ne fallait pas poser. La réponse est brusque : «Tu m'as toujours demandé d'entrer à neuf heures, eh bien j'arrive!» Elle se dirige dans sa chambre et ferme la porte. Le sentiment d'incompétence m'habite. Que signifie être parent dans ce monde bouleversé?

Un parent ne peut être seul avec ce qui lui déchire le corps et l'âme. Je trouve dans le partage avec d'autres parents un soutien inespéré. Chacun se sent isolé, voire incompétent devant ces tendances d'hypersexualisation et de sexualité précoce qui secouent le cœur d'un parent. Lors des rencontres, bon nombre d'entre nous s'exercent, à divers degrés, à développer le lâcher-prise et à se libérer du sentiment de culpabilité.

Le jeune porte en lui un trésor caché que les parents doivent chercher à découvrir à chaque lever et coucher du soleil dans le but de remplir la chaloupe vide. L'amour guérit et la tragédie tue.

# Un adieu prolongé

L'été passe, la température se refroidit, mais il y a toujours place pour une dernière sortie en mer. La femme regarde à l'extérieur et cherche à calmer son inquiétude : « Vois, la mer est agitée. » « Elle se calmera en me voyant », dit le pêcheur.

Son rire vient du cœur et envahit la petite maison en planches de bois. La dégustation du thé matinal est accompagnée du balancement d'une chaise berceuse qui contient la mémoire des ancêtres. Comme il fait bon vivre là où tout a pris racine. La pauvreté matérielle, la vie simple, la pompe à eau, la planche à laver demeurent des symboles et rappellent l'essentiel à la joie de vivre. Tous souhaitent que la vie soit longue et que les générations suivantes sachent la goûter profondément.

La porte s'ouvre : « Je vais faire mes adieux à la mer. » L'écho d'une voix tremblante « Sois prudent » tombe comme la brume sur la mer. La cloche de l'église sonne, le laitier est passé, le vendeur de bananes a rempli le panier vide depuis des semaines. Les enfants courent tout en dégustant ce fruit qui a traversé l'océan. Le linge est fortement ballotté par le vent sur cette corde tellement longue et chargée qu'elle est soutenue par un pieu venant de la mer. C'est lundi, jour de lavage, car tous s'étaient lavés et avaient mis leurs habits pour le dimanche en fête.

La table est dressée, mais le pêcheur n'est pas de retour. Un sifflet fabriqué en os de poisson alerte le voisinage. La femme au tablier chargé de sueur est sur la galerie suppliant le voisin d'aller au large chercher l'homme qui nourrit la vie. « Non, les vagues sont trop fortes et le vent du nord est imprévisible », dit-il.

Pendant que la mère de famille accourt au quai, criant et pleurant sa détresse, sa voisine va rejoindre les enfants avec un pâté au saumon sortant du four. Ces cinq jeunes au regard attristé dégustent le mets de cette dame qui ne cesse de répéter : « Soyez forts. » Même le cadet de deux ans répète à sa façon : « Forts, forts. » L'aîné de dix ans se charge de consoler son frère de huit ans. « Où est papa ? » Des soupirs de douleur envahissent la maison. « Pourquoi n'a-t-il pas voulu que j'aille avec lui ce matin ? » Le garçonnet ignore ce que la vie porte en secret. Les jours passent, le tablier assèche les larmes, le silence est empreint de misère.

Chaque matin, le poêle est allumé, la soupe bouillonne et le pain, les pâtés et les tartes remplissent le fourneau, mais la voix du pêcheur ne se fait plus entendre. Au printemps, la chaloupe vide est retrouvée parmi les glaces. Seule la casquette du pêcheur y est restée coincée entre deux planches de bois. La mer te donne tout et te prend tout.

Durant l'hiver, chaque matin, la famille accueille le lever du jour en puisant à la source en soi. Le petit village adopte cette famille qui arbore les traits du visage de leur père. Le partage est l'occasion de donner à la vie son sens et sa couleur.

Ce départ précipité, les fortes mers de l'automne, le rude hiver et enfin le printemps sont transformés en vie qui bourgeonne. Cette mère, dont le visage ne pouvait plus porter la souffrance, a mis sur pied une cuisine unique, recherchée par tous les palais gourmets. Elle a ainsi guéri ses blessures profondes en offrant, à ses enfants et à la Gaspésie, des saveurs au goût de la vie qui y jaillit en abondance. L'art de transformer l'épreuve en occasion de croissance ouvre de nouveaux horizons.

# L'incompréhension
## du désespoir

Ma blonde, Isabelle, me surprend à installer une corde dans la grange. Je ne l'attendais pas. Elle a décidé de me saluer en passant. Elle me crie : «Tu es fou ou quoi ?» Je lui réponds : «Non, non ! Que fais-tu là ?»

Je tremble et ne sais plus quelle direction prendre. Elle veut me parler, mais je n'ai rien à dire et il n'y a rien que je puisse faire.

Je me revois à huit ans, je devais aller à la maison du curé chercher des feuillets à distribuer de porte en porte. Tout devait être gratuit, mais, cet homme, honoré par mes parents, se payait grassement. Mon corps et mon âme en portent encore les marques. Le silence insupportable, c'est l'idée fixe qui s'est installée dans mon esprit.

Isabelle ralentit le pas et j'entends ses sanglots entremêlés aux sons du clavier de son téléphone. Je me précipite, je tire sa main et son cellulaire se retrouve parmi les fleurs que nous avions plantées la veille.

Ce soir-là, nous avions passé la soirée en silence sur la grande galerie. Enfin, moi, j'étais calme, croyant vivre mon dernier jour. Elle, spontanée et tellement naturelle, s'exclamait être heureuse et enchantée de vivre ce soir d'été : « Comme la vie est belle quand on prend le temps de la goûter. » Les mots sonnaient faux en moi. J'aurais voulu lui dire : « Maudite vie que je n'ai pas choisie. »

Isabelle s'accroupit, la tête entre les genoux, son souffle et toute sa peine me terrifie. Je regrette de ne pas avoir agi quinze minutes plus tôt. J'aurais évité toute cette scène.

La vie n'a pas de sens quand la chaloupe est vide. Je me suis d'abord senti envahi par l'obscurité, oubliant le soleil levant. Puis, les heures ont passé… dans le silence. Mon regard a été attiré par un bourdon qui explorait le cœur d'une marguerite. Isabelle s'*était émerveillée devant* la beauté de cette fleur : « Elle s'ouvre au soleil malgré la pluie et le vent. »

Mon geste n'avait plus de sens. Le découragement est contre nature. Le champ de blé mûr m'attira et cette ouverture au mouvement me fit marcher, entouré d'*épis dorés* m'invitant à avancer vers l'inconnu. Nous *émerveiller* l'un l'autre nous a appris à goûter la beauté de la vie. Un chant du cœur est né : « Merci d'*être là.* » Prendre soin de soi est la principale mission de tout adulte qui possède la capacité d'autoguérison. Faut-il savoir que le cerveau est malléable autant dans la destruction que la reconstruction ?

Je souhaite à petits et grands d'explorer leurs compétences pour assurer le triomphe de la vie et de l'amour. Être gagnant fait partie de la nature humaine.

# La perte de la femme,
# la fin d'un monde

Il fut un temps où la femme était la reine du foyer. Elle y mettait toute son énergie, peinant corps et âme au service de ses enfants et de son mari. Elle ne pouvait s'interroger sur sa mission, car elle était conjointe et mère, assurant ainsi l'ordre et l'accueil.

La femme était celle qui aimait, nourrissait et protégeait. Elle devait se vêtir convenablement pour l'honneur de la famille et se protéger du regard séducteur de l'homme.

Où est la femme qui, jadis, symbolisait un cœur aimant et assurait la stabilité du foyer ?

Pourquoi des femmes s'habillent-elles de cette façon de nos jours ? D'où vient cette femme très *sexy* qui attire le regard à la manière d'une *sexy girl* ? Les associations féministes souhaitaient promouvoir les notions d'égalité, de devoir et de respect ? Le résultat est-il à l'opposé des objectifs ?

Des femmes de tous les âges s'interrogent. C'est quoi, être femme aujourd'hui ? Être à l'égal de l'homme ? Être libérée de toute contrainte ? Ce mouvement a aussi conduit l'homme à s'interroger sur son identité et son rôle. Nous faisons peut-être face à un changement de paradigme.

Betty vient de célébrer ses 25 ans. « Depuis que j'ai cinq ans, je copie ce qu'est une femme. J'ai joué à me maquiller comme une vedette, mes vêtements de choix étaient le gilet bedaine et le short très court. Ma mère me laissait libre. »

Est-ce vraiment de la liberté quand une mère dit à sa fille de choisir ce qu'elle veut porter, quand elle le veut, en fait, de faire ce qu'elle veut ?

À quinze ans, Betty se vantait d'avoir des relations sexuelles avec un gars de dix-huit ans. Puis, elle a même été séduite par un don Juan de quarante ans.

Son père, silencieux, laisse sa conjointe s'occuper de sa fille. Dérangé par l'allure *sexy* de celle-ci, il dit ne plus la regarder. Il en vient pratiquement à craindre ses réactions d'homme.

L'an dernier, Betty comptait au moins une trentaine d'amants et elle a subi deux interruptions de grossesse. Elle se croyait femme accomplie, mais elle n'avait plus le goût de vivre.

« J'ai 25 ans, je ne peux pas refaire le passé, mais je dois me libérer de tout ce qui a détruit la femme en moi. Mon dernier copain m'a giflée lorsque j'ai refusé de répondre à sa demande sexuelle. »

La femme est-elle proposée comme objet de divertissement et victime de consommation ? Les vêtements et les poses extrêmement *sexys* ont la cote. L'homme tout en consommant le produit offert est à la recherche de la femme avec qui il veut fonder une famille, mais cette espèce serait-elle de plus en plus rare ? La femme fidèle à son univers qui a conservé son naturel n'est pas recherchée pour son divertissement. La société est de plus en plus tournée vers la jouissance et l'excitation. La fidélité à sa mission qui appelle à grandir dans l'amour et à protéger la vie serait-elle devenue un trophée oublié ?

Betty ajoute : « Je souhaite offrir au monde ce dont il a le plus besoin : une femme impliquée dans la société et dédiée à la protection de la dignité humaine. »

Sans la femme authentique, le monde s'effondre comme une chaloupe vide.

Faut-il renaître à soi pour enfanter un monde grandissant dans le sillon de son intégrité ?

Le mouvement de libération qui a donné à la femme son droit d'être active et féconde dans une société dominée par le masculin est essentiel. Ce naturel de percevoir l'essence de l'amour aurait-il été évincé par l'envie de combler le regard assoiffé de l'homme ? N'a-t-il pas eu comme effet d'entraîner la perte d'une féminité à sa saveur de dignité et de beauté ?

Si la femme connaissait sa valeur identitaire et sa mission d'être, elle n'aurait pas besoin de se présenter comme un objet affriolant pour le consommateur de sexe.

Vouloir charmer et être désirée est naturel à la femme qui est appelée, dans son processus de croissance, à développer l'art d'unifier la noblesse et la séduction. La femme avec sa fécondité est invitée à conquérir les cœurs pour construire un monde capable de s'émerveiller devant les quatre saisons avec leurs couleurs, leurs senteurs et leurs mouvements de vie.

Ce temps de grandes vagues qui contaminent le désir d'être femme fera place à un univers où la dignité et l'émerveillement typiquement féminins peuvent rayonner. À une époque où l'élimination du genre est à la mode, nous perdons la saveur du masculin et du féminin. L'unicité et la différence sont pourtant essentielles à la danse.

# Le Dieu
## des non-croyants

« Écoutez, les enfants… le Bon Dieu n'est pas comme ça. Ce que monsieur le curé a dit, ce n'est pas vrai. Dieu nous aime, notre travail est béni. » C'était un dimanche midi, la mère s'adressait à toute la famille attablée pour savourer un bon bouilli de légumes.

Il y a l'autre, un homme de soixante ans, qui a tout laissé tomber : la religion, le spirituel… La haine des curés l'habite. Il prend la parole : « Qui peut dire ce qu'est Dieu ? Qui sont ceux qui croient en Dieu ? Enfant, j'ai appris toutes sortes de choses sur Dieu et je sais que rien de cela n'est véridique. On s'est fait avoir… les prédications, les remontrances, les prières obligées, les sacrifices, les pénitences, tout cela au nom d'un Dieu inventé. Il y a de quoi tout foutre en l'air. » L'intelligence et la bêtise humaines semblent faire bon ménage. Avec des mots et une logique savante, le déviant spirituel peut faire croire n'importe quoi à n'importe qui.

Nous ne sommes pas des poubelles pour amasser toutes les stupidités de ce monde déguisé en détenteur de vérités du type : «Hors de notre Église, point de salut, point de bonheur éternel.» Fuyons les mouvements sectaires, symboles qui sonnent creux, habits de luxe qui cachent la perversion, paroles dominatrices qui tuent la créativité.

Chercher le visage de Dieu est avant tout un pas à l'intérieur de soi, hors des bruits turbulents et des faux discours.

Ces villes et villages aux mille clochers rappellent que l'homme a fait tout un chemin à la recherche du vrai Dieu. Bâtis sur des bases solides, de pierres et de roc, ces édifices pointent vers le ciel. Des architectes talentueux et un peuple bâtisseur ont légué des églises qui invitent à l'émerveillement, à la prière, au silence et même au scandale. «Ils ont construit des édifices à leur Dieu», parole d'un athée. Où est Dieu dans tout cela ?

Je peux trouver le silence dans la forêt, m'émerveiller devant un lever de soleil, prier au son d'une musique ou du gazouillement d'un nouveau-né. Où est ce peuple bâtisseur et dévoué pour construire des lieux de rassemblement? Il y a les colisées, les centres d'art et de grands concerts, les parcs où résonnent les tambours et les voix d'artistes populaires. Mais où est Dieu dans tout ça? Faut-il croire en Dieu pour se réaliser comme être humain?

Je ne crois pas au Dieu des hiérarchies religieuses, je ne crois pas au Dieu des belles paroles à la fois enjôleuses et oppressives. Je ne crois pas en ce Dieu du pouvoir et de l'avoir. Je crois profondément en cette réalité du souffle de vie et d'amour qui engendre paix, liberté et émerveillement.

Je crois au Dieu de mes ancêtres, ceux qui ont confié le grain semé à l'amour de la terre, ceux qui ont bûché pour assurer la chaleur essentielle à la vie, ceux qui ont construit leur demeure avec tous leurs avoirs gagnés à la sueur de leur front, ceux qui ont avancé contre vents et marées, ceux qui ont accueilli et respecté la vie dans ses débuts et ses fins.

Au bout d'un monde, je me suis trouvée devant un immense rocher qui me parla du Dieu que tant d'humains recherchent :

Si ton dieu est une idole, il n'est pas Dieu.

Si ton dieu te demande de souffrir, il n'est pas Dieu.

Si ton dieu invite à vider la mer pour s'enrichir, il n'est pas Dieu.

Si ton dieu exige de lui construire un temple riche, il n'est pas Dieu.

Si ton dieu t'appelle à crier haut et fort son nom, il n'est pas Dieu.

Ce rocher a une grande porte en forme d'arc qui permet de regarder au loin d'un bout à l'autre du monde. Il baigne dans un océan infini. Le vent, le froid, le soleil, la chaleur et la neige n'y peuvent rien. Il est debout, droit, accueillant les visiteurs de toutes races sans exiger une tenue du dimanche. Les amoureux, les solitaires, les désespérés, les riches, les artistes, les familles, ceux qui se disent croyants ou non-croyants y trouvent demeure et paix. Ce rocher porte à son côté une petite tour qui vient de lui. Elle est devenue distante et autonome.

La pulsion de vie et d'amour qui habite l'humain invite à se «défusionner», à entrer dans son être immortel pour y construire son authentique expérience de Dieu qui n'est pas le dieu inventé par les religions.

Je crois en Dieu vivant et agissant en moi et autour de moi. Comment? Il faut puiser des connaissances au-delà de l'enveloppe corporelle tout en demeurant inscrit dans son corps. L'invitation à vivre en unité, corps et âme, demeure l'aspiration la plus profonde pour une réussite humaine. La santé physique et psychique en est le bien absolu qui donne à l'humain sa saveur et nourrit sa collaboration créatrice.

Le bruit, l'agitation, la consommation, le *full* sexe, la domination et l'indignation vont à l'encontre de l'humain qui s'éloigne ainsi de son âme et de son mouvement créateur. Le corps devient un robot à produire argent et excitation. Il s'enflamme et vieillit à contrecœur. Les vagues de la mer, le chant des ruisseaux, la grandeur des montagnes, l'immensité de l'océan, l'arbre pointant vers le haut, les jardins en fleurs, les clochers, la marguerite cachée et les rochers n'ont plus les admirateurs auxquels ils ont droit.

Une culture déshumanisante fait surface avec tambours et trompettes. Ce mouvement agitateur surprend et attire. Posséder, devenir riche et puissant attire même les pauvres de cœur. Où est le cœur de l'humain? Où est son Dieu?

Être dans l'église de mes ancêtres à contempler le symbole d'être fidèle à ma mission, à aimer sans condition, à m'éduquer à l'amour authentique, à me savoir protégée et guidée sur le droit chemin fait partie d'un privilège.

Je rencontre une fillette de sept ans tout émerveillée devant le bourdon qui danse sur une fleur sauvage. Son sourire et son regard rendent cette lumière ou cet invisible, qui est son Dieu, présent. L'univers de l'enfant est petit, mais son émerveillement est sans fin. Deux jeunes amoureux, les yeux cernés après avoir accompagné toute la nuit leur enfant dans sa naissance, ont le regard fixé sur le souffle et les mouvements de leur nouveau-né. Ils sont sidérés devant ce grand accomplissement. Ils présentent à l'humanité une nouvelle personne unique qui invite à l'essentiel : aimer.

Cet homme, appuyé sur sa canne, regarde un lever de soleil. Il accueille le reflet de cette lumière multicolore. Ses dents, teintées de gris par les années, laissent entrevoir un sourire qui n'a pas d'âge. Il est là, présent, seulement pour admirer ce lever du jour.

De retour du travail, cette femme, mère de trois enfants, s'agite pour aller chercher ses petits au service de garde et préparer le souper. À l'heure convenue, la famille est réunie autour de la table. Elle se montre très heureuse de les retrouver. Les regards et les sourires échangés sont témoins de l'amour qui habite au fond de chacun. Je n'ai pas besoin de croire en Dieu. Il fait partie du quotidien. C'est l'expérience du jour qui permet à l'humain de rendre Dieu visible au quotidien.

Si le Dieu des non-croyants était le vrai Dieu, la chaloupe ne resterait pas vide.

# La porno
# pour tous

José visionne la porno en ligne depuis qu'il a neuf ans. En garde partagée, lorsqu'il séjourne chez son père, une surveillance accrue l'oblige à freiner cet intérêt devenu incontrôlable. De temps à autre, la nuit, il arrive quand même à se donner une « saucette de cul », comme il le dit.

À quinze ans, il réussissait à se livrer à des pratiques dégradantes avec au moins dix filles. « C'est facile, les filles aiment se montrer le cul… » Il est devenu un *sex symbol*.

Lorsqu'il avait dix-sept ans, une fille lui réclama une pension alimentaire. Elle se disait enceinte de lui. Il tourna comme une toupie, lui criant qu'elle était folle et qu'elle devrait s'organiser avec ses troubles. Pour réussir à cacher tout cela, il se lança dans le trafic de drogues et de scènes pornographiques collectionnées depuis belle lurette. Il faisait beaucoup de pognon, ce qui l'amena à devenir un « accro compulsif ». Son habileté l'excitait, il réussissait à déjouer les forces de l'ordre. Son père se vantait d'avoir un fils exemplaire : aucune drogue ni blonde, talentueux et génial pour réaliser des recherches sur Internet à la vitesse de l'éclair.

Sa mère lui a toujours fourni un frigo bien rempli, des vêtements de marque et les appareils électroniques les plus performants. Souvent absente, elle communiquait avec son fils par textos ou par Skype.

À vingt ans, José pensait sérieusement au suicide. Un jour, après avoir regardé le ciel, il saute d'un troisième étage et tombe sur un autobus garé dans la rue. Hospitalisé pour des fractures, il est aussi traité en psychiatrie. Il s'est retrouvé complètement démuni. Son père le visitait fréquemment. Il ne pouvait que lui demander de réfléchir sérieusement.

En tant que jeune adulte, il se sent meurtri, vidé de son humanité. Il est à la recherche du sens de la vie.

Il ressent un profond dégoût pour les filles : « Ce sont des putes pas de tête. » En cours de sevrage, il souffre beaucoup, mais sa capacité d'écoute s'accroît. Il en vient à se demander comment il pourra faire pour vivre heureux, aimer une femme, goûter la vie en soi et autour de soi.

Lorsque David, un ami d'enfance, se présente à son appartement, de sérieuses questions se posent sur le sens de la vie et de la mort ; un jeune qu'ils connaissaient vient de mourir d'une *overdose*. Ils sont inquiets à l'idée d'établir une relation amoureuse « significative » et se demandent ce que l'avenir leur réserve.

Heureusement, ces deux jeunes hommes ont rencontré un guide qui leur a demandé de tracer le chemin qu'ils souhaitent pour eux-mêmes. Il y a toujours des drames chez les personnes en détresse, mais tout dépend de ce qu'elles font avec le mal de vivre. À chacun de choisir...

Ils ne restent pas échoués comme une chaloupe vide, mais ils continuent d'avancer en eau profonde.

# Une sexologue
## en déprime

Je rencontre des collègues tous identifiés comme aidants en sexualité saine et épanouie. La tendance à normaliser les conduites évinçant l'amour est palpable. Pour s'exciter pendant une relation amoureuse avec sa conjointe, un homme fait appel à des scènes dérivantes. Il est incapable d'une sexualité active dans l'amour, ça fonctionne à l'aide de pratiques à l'encontre de son courant de vie. Des professionnels proposent qu'il utilise ses fantasmes et aventures secrètement. Après tout, il a droit à ses secrets.

Je m'interroge sur cette tendance à normaliser ce qui détourne l'amour de la sexualité. Il faut assurer des réflexes d'excitations génitales à tout prix. Je crois que cet homme, qui souhaite exprimer sa sexualité dans l'amour, a davantage besoin de se libérer d'empreintes fantaisistes qui vident sa chaloupe.

Je ne peux retenir mon irritation et ma dissension. La sexualité qui comporte une recherche de plaisir, un besoin de complémentarité, de prolongement de soi, ne peut être utilisée pour l'abus, la domination, l'humiliation, la blessure du corps et de l'être, la tricherie, le mensonge, l'infidélité, l'esclavage, la compulsion, et ce, ni en actes ni en imageries mentales.

Je me mets à l'écoute de l'humain : quelles sont ses aspirations profondes, quel est le désir qui vient de son cœur ?

Je trouve aberrant tout propos qui n'est pas en correspondance avec l'essence de l'humain. Je dois sortir de mon état de spleen en poursuivant ma réflexion à titre de professionnelle en sexologie promotrice d'une santé globale.

Les valeurs humaines que petits et grands cherchent doivent-elles être exclues de l'intimité sexuelle avec soi ou avec l'autre ?

L'absence de **vérité** fait terriblement mal à toute personne imprégnée de son humanité. Le mensonge tue.

La non-reconnaissance de sa valeur personnelle, le **respect** étant si fondamental à la personne, conduit à une dégradation de l'humain. L'insulte blesse profondément.

La **liberté** qui fait partie de l'essence de l'être ne peut être perdue sans briser tout le mouvement de vie propre à la personne. L'esclavage enchaîne la pulsion de vie.

L'**infidélité** à son «je suis», à ce qui sous-tend le désir profond, à l'appel à se réaliser en conformité avec sa matière humaine de base constituée d'amour et de vie atténue la lumière intérieure. La tricherie déchire le cœur.

L'atteinte de l'**autonomie affective** permettant de «donner» et de «recevoir» gratuitement ne peut être supplantée par un consentement inspiré par la recherche d'amour. La dépendance annule l'identité.

Toutes ces valeurs innées chez l'humain réclament urgemment leur droit de guider et d'inspirer l'intimité sexuelle.

La pulsion érotique qui provient d'une impulsion de vie et d'amour sollicite sans fin l'acte de création, de complémentarité, de prolongement de soi. Ce mouvement irrésistible ne peut s'accomplir avec satisfaction à l'encontre des valeurs essentiellement humaines. La vérité, le respect, la liberté, la fidélité et l'atteinte de l'état adulte sont l'essence d'une sexualité humaine épanouie et nourrissante.

L'érotisme est source de solution à un mouvement de vie qui habite l'humain. Son ressenti tout comme son expression tiennent compte de tous les sens. La recherche de plaisir – visuel, auditif, gustatif, olfactif, tactile, sensuel, kinesthésique – fait partie de la pulsion érotique. Cette aspiration s'actualise dans un choix libre qui s'ajuste avec l'évolution de la personne. Dans un couple, en plus des modalités spécifiques à tous pour atteindre le plaisir, il peut y avoir une plus grande recherche de plaisirs par la stimulation de zones érogènes et de vibrations émotionnelles amoureuses.

Savoir nourrir et célébrer sa sensibilité érotique tout en étant en harmonie avec son être spirituel est le résultat d'un accomplissement humain qui assure la normalité sexuelle.

Je sais qu'il est communément proposé par des experts « d'avoir du sexe pour le sexe » en évinçant l'amour qui est de plus en plus considéré comme étant un frein à l'explosion érotique et aux fantasmes de toute sorte.

L'érotisme présenté comme moyen d'excitation dissocié des aspirations profondes de l'humain perd sa saveur et sa noblesse. Il est souvent utilisé pour gérer des conflits internes et relationnels. Au lieu d'être au service de l'amour, il devient l'outil par excellence pour contrer des traumatismes sexuels primaires (infantiles), des compulsions hostiles et sadiques, le vide existentiel, la dépression, l'anxiété d'abandon et de « réengloutissement », une menace incestueuse, la psychose, une défalcation narcissique, le sentiment d'impuissance et la peur d'être seul.

Pourquoi une si grande richesse, c'est-à-dire un si grand potentiel de créativité, est-elle devenue une arme destructrice de l'humain ? L'excitation a fait place au plaisir, l'obscénité a supplanté l'art érotique. L'humain ne sait plus comment récupérer sa sexualité naturelle. Tant de souffrances, de conflits, d'incapacités de grandir en couple et de vivre un célibat épanoui provoquent une réponse inadéquate à une pulsion de vie et d'amour.

La sexualité, c'est pourtant inné. Pourquoi tant de souffrances conséquentes à des activités sexuelles déshumanisantes : ITS (infection transmise sexuelle-ment), IVG (interruption volontaire de grossesse), BDSM (*bondage*, domination, sadisme, masochisme), dépression, psychose, violence ?

**Laisser l'humain vivre une sexualité déviante serait-il une erreur sociale et professionnelle ?** Ajuster le concept de normalité sexuelle aux problèmes sexuels ferait dévier l'intervention professionnelle, dont la mission est de promouvoir la santé globale. D'où l'urgence d'une éducation à une sexualité humaine pour donner à l'érotisme ses lettres de noblesse. L'appel est lancé à tous !

Malheureusement, le pornographique demeure l'école conduisant à la dérive. Où sont les protecteurs de la santé humaine ?

❖ Internet est utilisé pour combler des déficiences sexuelles et dépersonnaliser l'échange amoureux.

❖ La consommatin de scènes de sexe commercialisé où les échanges amoureux se transforment en recherche de performance vide le cœur de l'humain. L'excitation devient de plus en plus grande au détriment du plaisir, de la satisfaction et de la rencontre de l'autre.

❖ La consommation à l'écran rend le cerveau paresseux. Il se fixe sur le produit proposé et perd sa capacité de libre création, et ce, à plus forte raison si la marchandise présentée est alléchante et stimule le centre émotionnel qui peut vibrer à tout vent.

❖ La société a tendance à réguler ce qui se vit afin d'éviter une trop lourde charge de dénonciation de conduites qui dévient des aspirations et des valeurs innées chez l'humain. C'est le risque de sombrer au large.

Ce qui rend la conduite sexuelle pathologique, ce n'est pas la puissance de la pulsion érotique, mais bien la personne blessée, désorientée, compulsive qui ne sait pas résoudre adéquatement ses conflits et son mal de vivre. Le «sexe» devient sa soupape.

L'évolution humaine est un grand succès dans ses découvertes en technologies informatiques, mais en ce qui concerne l'être humain, le monde est encore aux prises avec un mouvement de déshumanisation qui oblige à chercher l'horizon. La consommation compulsive, la recherche de sensations fortes, l'incapacité de bien gérer des émotions amoureuses ou colériques enfoncent la personne dans son impuissance. Sa vision de la sexualité devient de plus en plus étroite. Une simple confidence conduit facilement à une aventure amoureuse tout comme une incompréhension ouvre la porte à une expression de violence.

Des situations bouleversantes se vivent au quotidien.

Une femme se confie : «Au moins, avec cet homme, je reçois un peu de tendresse.» Elle racontait ainsi avoir eu des relations sexuelles avec son thérapeute. Une amie l'avait rassurée, lui disant que c'était fréquent.

Un homme console sa secrétaire en répondant à ses réclamations de caresses. Un intervenant lui dit qu'entre adultes consentants, il n'y a pas raison de s'en préoccuper. «Pourquoi pas, si ça ne les dérange pas ?»

Un jeune de seize ans se vante d'avoir couché avec sa professeure.

Une femme de 25 ans s'est follement amourachée du conjoint de sa mère qui répond à ses avances sexuelles.

Entre adultes consentants, où est le problème ?

Qui a dit que c'était normal ?

Qui peut dire que ce sont des aventures en perte de sens?

L'intervention devrait-elle inviter à l'écoute intérieure? Toute personne est en recherche de sens, mais l'influence sociale semble avoir pris le dessus et interfère négativement dans un questionnement sain et raisonnable concernant les multiples propositions de conduite sexuelle, sous prétexte que la sensation ressentie dicte la norme.

Être libre a-t-il ouvert la porte à faire ce que je veux, comme je le veux, quand je le veux?

Une jeune de 15 ans réclame son droit d'explorer l'intimité sexuelle à sa façon en disant: « Je veux être une femme *full* sexe et non une vieille fille – je suis libre!»

Une mère de deux enfants maintenant adolescents réclame sa liberté soi-disant parce qu'elle a besoin de s'éclater: elle a fait son devoir de mère et de conjointe. Elle s'adonne à des échanges amoureux avec un collègue de travail et claironne: «J'ai repris ma liberté.»

Une femme engagée à l'écoute de l'Évangile dénonce l'irrégularité et la contradiction entre l'appel profond à la liberté et la domination au nom d'une religion qui se dit être un guide vers l'accomplissement humain.

Le mot *liberté* a rendu le consentement de plus en plus complexe. La personne aux prises avec un manque, une blessure irritante, une déception peut-elle être libre pour donner un consentement éclairé ? Ce qui n'est pas soulagé ou guéri stimule facilement les sens, et la perte de contrôle s'inscrit sans acquiescement réfléchi.

Agir en toute liberté est devenu de plus en plus complexe. Une culture de fidélité aux vibrations émotionnelles a pris la place de la répression. Le monde est-il passé d'un emprisonnement à une autre séquestration ?

Pourquoi tant de naïveté ? Cela dure depuis des siècles. Le temps de considérer la sexualité et le corps comme étant l'ennemi de l'âme est révolu. Le consentement se confondait avec le devoir et la fidélité, avec une moralisation aussi déshumanisante.

Loin de mettre fin à ce désordre humain, un nouveau courant de corruption de la sexualité a pris place. Le corps a été traité comme un objet à vibrations produisant des excitations intenses. Ces pratiques ont, une fois de plus, mécanisé la sexualité. Elles ne dépendent donc pas de l'intelligence manquante. Elles découlent plutôt d'un mal de vivre qui provient d'un état affectif meurtri. Au lieu de promouvoir l'émerveillement devant la créativité propre à l'humain, s'en est suivi la perte de l'amour. Dès la fin des années 60 au début des années 70, des propositions invitaient à s'émerveiller devant l'érotisme présenté dans ses mouvements naturels. Enfin une nouvelle promesse de sexualité épanouie voyait le jour. Le refus des anciens concepts misérablement liés à la religion était une réaction saine. Malheureusement, la colère et la tristesse d'avoir été mal guidé ont favorisé un courant d'explosion du sexe. Cette occasion de grande rentabilité économique, au détriment de l'humain, est devenue un pouvoir destructeur mettant fin au désir de liberté.

Il faut une fois de plus faire appel à l'humain pour donner à la sexualité sa valeur et son rôle.

Dans le courant actuel, la tendance est d'adopter différents comportements dans le but de promouvoir le divertissement et la variété. Il en est de même pour la pratique de relations homosexuelles chez les hétérosexuels sachant bien que l'authentique homosexuel agit en conformité à son orientation. Tout peut s'apprendre dans le but d'atteindre des sensations fortes et surtout excitantes. Il y aurait aussi un questionnement sur les fantasmes. Ignorer le pouvoir de ces productions psychiques imaginaires, qui sont l'expression d'un désir souvent inconscient, fait partie du laisser-faire qui colore le courant actuel.

La banalisation de ces comportements risque-t-elle d'annuler l'inspiration vers une sexualité saine et satisfaisante, en fidélité à sa nature?

Développer la capacité d'analyser son expérience aux trois niveaux, sensuel, affectif et cognitif, serait-il un acquis? Le courant actuel est d'évaluer l'acte sexuel à partir des sensations et des degrés d'excitation qu'il provoque. La justification cognitive assure la pérennité des conduites qui s'accompagnent trop souvent d'anti-valeurs affectives.

En se référant aux circuits neuronaux et à l'analyse du degré d'excitation senti, plus le réflexe d'excitation est provoqué par de la douleur ou de l'interdit, plus son degré de sensation sera fort, jusqu'à l'euphorie. La justification de ces pratiques sexuelles a ouvert le chemin à une sexualité humaine centrée sur la jouissance et l'éclatement. L'hédonisme explosif est devenu le nouveau dieu et continue à déposséder la sexualité de la composante «amour». Les recherches de sensations fortes de plus en plus amplifiées sont considérées comme but ultime au point de dépouiller l'humain de sa sexualité. L'absence d'aspiration et d'apprentissage à intégrer les valeurs fondamentalement humaines conduit à des pratiques compulsives de plus en plus déshumanisantes.

Devant la prolifération de ces pratiques atypiques, la Cour supérieure a dû cesser de criminaliser bon nombre de conduites sexuelles intimidantes. Le système judiciaire s'est adapté à la banalisation d'une sexualité ballotée en tout sens en s'appuyant sur des clichés populaires :

❖ Entre adultes consentants, tout est permis ;

❖ La justice n'a pas à s'introduire dans l'intimité des gens ;

❖ À chacun de choisir ce qu'il veut ;

❖ Tout l'monde le fait !

Vu l'ampleur de ces pratiques, le système judiciaire, déjà trop chargé, n'aurait pas su répondre à la demande. Laisser la personne faire ses choix, sans lui offrir des critères d'évaluation, de jugement ou d'analyse, a été une invitation à normaliser des avenues déchirantes pour l'humain. Certains professionnels en sciences humaines, comme une partie de la société, ont adhéré à cette vision libertine, d'où l'urgence d'offrir des outils pour mieux comprendre et traiter cette confusion.

Disculpation ne signifie pas normalisation. Il n'appartient pas au système juridique de promouvoir la santé sexuelle, mais cela incombe au système d'éducation et au système de santé. À chacun de faire ses devoirs.

Devant ces réalités qui brisent la personne dans ses pulsions de vie et d'amour, je me réfère à ma mission professionnelle. La déprime devant tant de mal de vivre ne peut m'amener à laisser l'humain à la dérive comme une chaloupe vide.

Reprendre les rames pour éveiller à la perte du sens de la sexualité humaine et de sa mission spécifique, mettre fin à ce mouvement de dérive et proposer des pistes d'avancement pour une sexualité saine et épanouie, c'est le souhait qui naît de mon cœur de professionnelle de la santé.

Je veux offrir au monde la chance de redécouvrir une sexualité humaine saine et épanouissante qu'aucune époque antérieure n'a su proposer. N'est-ce pas le souhait des temps actuels ? L'individu aspire à actualiser son potentiel intérieur afin de retrouver ses forces de vie et le droit d'une sexualité épanouissante.

# L'inconnu de l'autre

Mon fils aîné, Jacob, a dix-huit ans. Hier, il m'a dit :
« Ne te préoccupe plus de moi, je sais quoi faire de
ma vie, je m'en vais vers le meilleur. »

Au lever, comme d'habitude, c'est le petit-déjeuner,
le premier repas du jour. Tout le monde est pressé, il faut
se rendre au boulot.

Ma conjointe pousse le plus jeune de douze ans à
se lever, à se mettre quelque chose dans l'estomac,

à s'habiller avec l'uniforme obligatoire. Il sort de sa chambre avec un jeans défraîchi.

Quelle histoire ! Il faut lui faire comprendre que, dans cette tenue, il sera refusé à l'école et retourné à la maison. Il rit de nous et c'est bien clair que c'est ce qu'il veut. Après une longue dispute, il manque l'autobus scolaire. Je dois alors partir plus tôt pour aller le conduire. Je ne peux pas arriver en retard au travail car je dois animer une réunion importante regroupant des intervenants à un colloque sur les jeunes décrocheurs.

Sylvie, ma femme, celle qui partage mon quotidien, ramasse son sac à main et dit : « Je te laisse gérer tes gars. » Je dois lever le ton. « O.K., Sam, ça suffit, mets ton uniforme, je te laisse à l'école. »

Jacob me regarde avec un sourire que je ne comprends pas. Il dit en riant : « J'ai fini ces folies-là ! » puis il ajoute ce qu'il ne m'avait jamais dit : « Merci papa, bonne journée ! » Je suis profondément ému, convaincu que mon fils s'est enfin pris en main. Je lui souhaite de trouver l'emploi désiré.

À midi trente, je suis à avaler une pointe de pizza avec un coca-cola en espérant ne pas être vu par mes proches. Je leur rappelle constamment l'importance de bien manger.

La fatigue habite mon corps depuis des mois, j'ai hâte aux vacances d'été. C'est le 30 mars, il neige, mais le soleil domine. Mon cellulaire vibre, je le sors du fond de ma poche. En quelques secondes, je sombre dans le désespoir…

Non! Impossible! Un policier me parle avec le cellulaire de mon fils Jacob. Je dois me rendre immédiatement à la sortie de l'autoroute. Ma *moto*, mon *fils*, un *poids lourd*, la *mort*. Ces mots envahissent mon cerveau comme s'ils venaient d'une autre planète.

Je quitte le restaurant sans payer. Je ne me sens plus de ce monde. Je me rends sur les lieux de la tragédie, je ne sais trop comment. Était-ce voulu? Il a fait le plein, il roulait sur la voie de gauche et il a coupé la route au camion qui venait en sens inverse.

Cette réalité est trop grande pour mon cerveau. J'engueule le policier en affirmant que ce n'est pas mon fils. «Calmez-vous, monsieur…» Ces paroles résonnent dans le vide.

C'est quoi, être parents?

Une vie mouvementée, c'est comme une chaloupe vide qui ballotte en plein océan sans savoir où accoster.

La personne, cet être imprévisible, peut faire vibrer le cœur autant dans la joie que dans la détresse. Comment survivre à la perte de son enfant, celui que l'on a attendu, accueilli, cajolé, nourri, éduqué et tant aimé ? Le père de Jacob déclara : « me rapprocher de la femme avec qui je partage ma vie depuis plus de vingt ans s'avéra mon sauvetage et ma force. Ce partage de notre blessure la plus profonde a créé un rapprochement inespéré. Accepter de ne pas avoir de réponses à ses questions, c'est laborieux. Mon fils est parti avec son secret. »

Devant le mystère, il nous reste à reconnaître que chaque personne, malgré toutes les ressources dont elle dispose, porte en elle des secrets qui demeurent inexplicables. « Je regarde l'horizon, j'entends le sifflement du vent dans les arbres. Je dois poursuivre mon chemin de vie en laissant peu à peu mon fils poursuivre le sien. »

# L'avenir avec
# son nouvel horizon

Les glaces ont fait place à la danse des vagues et les fous de Bassan en vol rappellent mélodieusement le retour fidèle du printemps.

Le vent siffle et le jeune pêcheur accourt vers son bateau, tout heureux. Il vient d'avoir son permis de pêche, ce droit d'adulte dans une région où la mer nourrit le regard, le corps et l'âme. Le bruit du moteur l'excite et le chant des mouettes transporte tout son être.

« Je reviendrai la chaloupe pleine, promis », lance-t-il alors que la porte se referme avec force derrière lui.

Tout au long du jour, les vagues se lèvent puis se calment. À un moment, les nuages au large sont denses et sombres. Le retour du jeune pêcheur habite les pensées des villageois. Sa rentrée au quai sera l'occasion d'être reconnu parmi les adultes.

Naître au bord de la mer invite à devenir grand et puissant. Savoir puiser dans le golfe cette ressource admirée et recherchée par tous assure la fierté et la valeur de l'homme.

Que de joie au retour du pêcheur qui est accueilli comme un explorateur. Admirer la générosité de la mer, l'habileté de l'homme est une célébration quotidienne. Un gâteau est au four et les patates sont prêtes à cuire. Les récoltes du potager gardées en conserve viennent compléter le menu dont le mets principal sera le fruit de la pêche.

Chaque minute, le regard se dirige vers l'immensité. L'eau est foncée et le fracas des vagues entretient l'inquiétude du retour. Le temps passe, le bruit des embarcations invite à se diriger vers le quai. « Avez-vous vu notre jeune pêcheur ? » Un silence…

Une réponse d'espoir : « Ça doit être lui qui est allé plus loin, où se tient la morue. » Cette information, loin de consoler, provoque plus d'agitations. « Croyez-vous qu'il reviendra ? » « Madame, un pêcheur revient avec honneur, il faut donc attendre. » Le départ du pêcheur au lever du jour et son retour en plein midi reflètent un quotidien rempli d'abondance. Par contre, le retard d'une embarcation, alors que les autres sont attachées au port de mer, provoque inévitablement un serrement au cœur. Ce jeune adulte était bien parti avec ses deux frères et la mission de leur enseigner la grandeur d'être pêcheur dans un coin du monde où le paysage inspire la mélodie la plus noble.

Tant de promesses perdues au fond de la mer, tant de soucis et de joies vécus au retour du large. Impossible de connaître la réalité de l'aventure, seule la chaloupe retrouvée vide invite à regarder là-haut, à la recherche d'un contact invisible, mais consolant pour un cœur pétri et endolori.

Ce couple, si heureux de célébrer le printemps, se retrouve devant une réalité brutale. Leurs trois garçons ont été engloutis par cette mer imprévisible. Comment survivre à une blessure si profonde ? Seuls, devant un océan rempli de promesses, ils crient leur détresse. Le village porte la même rage et la même espérance. Cheminer à travers l'épreuve est un art. Facilement, la douleur envahit tout l'être. Le corps se transforme en plaie vive et l'âme vogue à la recherche d'un sens à ce qui n'a pas de sens. Le quotidien est lourd et la perte est insupportable. Seuls la mise en route, le regard vers l'horizon, la marche en nature, le son mélodieux, la saveur des mets locaux peuvent changer la personne endolorie en être vivant.

Un jour nouveau doit se lever et la vie reprendra son cours. Croire en la force de la vie permet de s'ancrer dans sa solidité intérieure, d'où renaissent de nouveaux printemps. L'espérance assure que l'essentiel ne périt jamais.

# Au-delà des mers

La mer à l'horizon,
Le sable fin recouvre mes pieds,
Le sifflement du vent endort mes oreilles,
Mes yeux fixent le rivage,
L'odeur saline envahit mon cerveau.


Faut-il attendre des heures ?
Faut-il écouter à l'infini ?
Faut-il demeurer debout sur le sable mouvant ?
Faut-il fixer éternellement le regard au loin ?
Faut-il espérer avoir un jour les pieds dans l'eau ?

Mon père est parti sans jamais revenir.
Suis-je à contempler l'auteur de la mort ?
Mon cœur est attaché à ce lien,
De là je suis née pour contempler l'infini.
Non à la folie de l'espérance sans fin.

C'était un matin, des pas réveillaient la maisonnée.
Loin de connaître le destin irrésistible,
C'était pourtant son dernier lever du jour.
La lune, dans toute sa splendeur,
Invitait pourtant à la triste réalité.

La vie peut-elle attaquer la vie ?
Le cri de l'âme peut-il être atteint par les ténèbres ?
Si le vent souffle, est-ce pour calmer la mer ?
Au loin, des montagnes d'eau apparaissent
et disparaissent au rythme de la danse des vents.
Un souffle de vie peut conduire au-delà des océans.
Encore faut-il savoir que l'on a des ailes
pour voler très loin, et ce, malgré
la chaloupe vide qui ballotte au gré des flots.

# Souhait à titre de conclusion

J'ai voulu partager avec vous l'héritage que j'ai acquis en contemplant la mer et en écoutant l'histoire de ses riverains.

Ce peuple, habité par une sensibilité particulière, côtoie la mort de près. J'ai vu des maisons emportées par de hautes marées accompagnées du vent du nord-est. J'ai côtoyé des personnes écrasées par la douleur et ne sachant plus regarder l'horizon au loin. Ce milieu de vie porte à la fois l'empreinte de la pauvreté, de la lutte pour survivre et le privilège de pouvoir contempler un paysage qui nourrit les sens et l'âme.

Cette eau glaciale qui se réchauffe peu à peu sous le soleil de l'été invite les courageux à se laisser porter par ses vagues douces et chaleureuses tout en imprégnant leur corps de l'effet salin qui guérit et détend.

Mes compatriotes à l'air fort et déterminé ont besoin d'activer leur potentiel de vie et de se laisser inspirer par la grandeur du paysage qu'ils contemplent quotidiennement. La nostalgie de la mer envahit facilement le cœur des natifs qui, à la recherche de meilleures conditions de vie, ont voyagé vers d'autres lieux. Pour ceux qui demeurent au port d'attache, la mélancolie ouvre souvent la porte à un inconfort qui remet en question la raison de vivre. L'éloignement, l'isolement, le sentiment d'être abandonnés par les gouvernants contaminent leurs rêves. Les états émotionnels sont difficiles à dénouer quand ils sont constitués d'expériences très fortes : la joie profonde, la beauté sans fin, le danger imminent, la peur d'un non-retour, le calme de l'eau, le vent vigoureux et les vagues bouleversent même les plus endurcis. Beaucoup de morts tragiques font partie de l'histoire de la Gaspésie pourtant peu peuplée. Je souhaite que ce lieu de rêve, avec ses immensités à perte de vue, devienne un lieu d'inspiration pour une humanité en recherche de sens.

Vaincre la pauvreté en offrant au monde un espace privilégié d'écoute intérieure, de contemplation, d'ouverture, de silence, de mélodie correspond à ce dont la personne a le plus besoin en ce temps de « grands dérangements ». C'est le moment de remplir la chaloupe vide d'une inspiration peu connue : « Viens voir la Gaspésie, viens voir mon pays enchanteur ! »

# À propos de l'auteure

Première détentrice d'un doctorat en sexologie clinique au monde, Marie-Paul Ross, infirmière et psychothérapeute, témoigne que l'épreuve s'avère une occasion de croissance inespérée et permet d'ouvrir de nouveaux horizons.

Elle a développé l'art de s'émerveiller devant le potentiel de vie de l'humain. Elle est attentive au moindre détail qui tapisse le quotidien lors des grands et petits événements de la vie.

L'auteure compte cinq livres à succès publiés au cours des dernières années. Son dernier ouvrage autobiographique, *La vie est plus forte que la mort*, a épaté un très grand nombre de lecteurs.

Elle parcourt le monde pour partager ses enseignements et elle garde son cœur ouvert à la variété et à l'humain qui vit sa recherche d'amour et de plénitude.

Chaque personne porte en elle une douleur ou une espérance secrète. L'auteure de *La chaloupe vide* offre au lecteur l'occasion de contacts inattendus avec le vécu humain pour mieux accéder à son propre jardin intime et activer son potentiel de vie.